L·E·O

CARINA STÖWE & MANDY JOCHMANN

DAS MOTIVATIONSBUCH
FÜR LAUFEINSTEIGER

L·E·O

Liebe Leserin, lieber Leser,

alle Inhalte in diesem Buch wurden gewissenhaft erstellt und sorgfältig geprüft, die Vorschläge und Übungsanleitungen haben sich in der Praxis bewährt. Danke, dass du in eigener Verantwortung prüfst, inwieweit du die Anregungen umsetzen möchtest. Bei gesundheitlichen Fragen oder Beschwerden solltest du immer den Arzt oder Therapeuten deines Vertrauens konsultieren. Eine Haftung der Autorinnen bzw. des Verlags und seiner Beauftragten für Personen-, Sach- oder Vermögensschäden ist ausgeschlossen.

1. Auflage
© 2018 überarbeitete Neuausgabe LEO Verlag
in der Scorpio Verlag GmbH & Co. KG, München
© 2016 Carina Stöwe und Mandy Jochmann
Umschlaggestaltung: Guter Punkt München,
nach einer Vorlage von Mandy Jochmann
Layout: Mandy Jochmann
Satz: Mandy Jochmann und Robert Gigler, München
© der Fotos: S. 46, 52, 53: Lina-Maria Schön, Frauschoen.de; S. 93, 106, 109, 113: Carina Stöwe;
alle weiteren Fotos im Buch: Chris Zielecki, zielecki.com
© der Illustrationen: Carina Stöwe
Lektorat: Nathalia Traxel, Nadine Heinz, Tina Leskien und Angela Hermann-Heene
Medizinisch sportliches Lektorat: Nadin Eule-Mau, eiswuerfelimschuh.de
und Dr. Elias Berning, mvzloe.de
Druck und Bindung: Print Consult GmbH
ISBN 978-3-95736-107-3
Alle Rechte vorbehalten.

Mehr über unsere Bücher:
www.leoverlag.de
www.scorpio-verlag.de

WIDMUNG

Dieses Buch ist all jenen gewidmet,
die zu Hause auf der Couch sitzen und
sich mehr Bewegung und Sport in ihrem Alltag wünschen,
sich aber nicht aufraffen können oder wollen.

Dieses Buch ist all jenen gewidmet,
die denken, es sei nicht möglich dauerhaft
sportlich durchs Leben zu laufen.

Dieses Buch widmen wir dir!
Denn du machst hier gerade den Anfang.
Jetzt fehlt nur noch der Schritt vor die Haustür –
in deinen Laufschuhen!

Nur ein Lauf

WIRD DEINEN TAG
VERBESSERN.

VIELE LÄUFE WERDEN DEIN

*ganzes Leben
verändern!*

Inhalt

VORWORT — 10

WARM-UP – BIST DU BEREIT, DURCHZUSTARTEN? — 14

KAPITEL 1 – WARUM SOLLTEST DU ÜBERHAUPT LAUFEN? — 24
- 13 unschlagbar gute Gründe, um heute mit dem Laufen zu beginnen — 26

KAPITEL 2 – PURE MOTIVATION — 32
- Kopf- und Herzenssache: Geh deiner Motivation auf den Grund! — 34
- Schweinehund ade: Mit diesen Strategien überlistest du ihn! — 38

KAPITEL 3 – DEIN ERSTER LAUF — 44
- Fragen und Antworten rund um die Ernährung — 46
- Klartext: Die Sache mit dem Abnehmen — 50
- Vor dem Lauf: Wärme dich auf! — 57
- Nun ist es endlich so weit: Laufe los! — 60
- Nach dem Lauf: Mache dich locker! — 67
- Warum Regeneration so wichtig ist — 72
- Fragen und Antworten rund um die ersten Läufe — 74

KAPITEL 4 – AUSRÜSTUNG 80
Das solltest du vor deinem ersten Laufschuhkauf wissen 82
So pflegst du deine Laufschuhe richtig 87
Warum die richtige Laufbekleidung wichtig ist 88
So läufst du sicher durch die Dunkelheit 92
So findest du den richtigen Sport-BH 94
Miss deine ersten Trainingserfolge mit Lauf-Apps 96
Über die Vorzüge und Tücken von Musik beim Laufen 98
Fragen und Antworten rund ums Lauf-Equipment 100

KAPITEL 5 – TRAINING 106
Die besten Tipps für dein Training 108
Welche Laufarten gibt es? 111
So erstellst du Schritt für Schritt deinen Trainingsplan 113

KAPITEL 6 – LAUFSTIL 120
Warum ist der richtige Laufstil eigentlich so wichtig? 122
So optimierst du deinen Laufstil von Anfang an 124
Der große Stilhelfer: Das Lauf-ABC 128

KAPITEL 7 – SETZE DIR ZIELE 136
Was ist dein persönliches Ziel? 138
Nimm an einer Laufveranstaltung teil 140
Bringe Abwechslung in dein Lauftraining 142
Mache dich mit mehr Bewegung im Alltag noch fitter fürs Laufen 144

COOL-DOWN 148

ANHANG 153
Unsere Trainingspläne zum Sofort-Loslaufen 154
Starte mit unserer 30-Tage-Laufchallenge durch 160
Unsere Lieblingslinks 162
App- und Buch-Empfehlungen 163
Glossar – Damit du weißt, wovon wir reden 164
Über uns und unser Buch 168
Danke! Danke! Danke! 172

Vorwort

Seit mehr als drei Jahren bin ich nun ambitionierte Läuferin und mit richtig viel Spaß bei der Sache. Doch das war nicht immer so! Als ich zum ersten Mal das Buch von Carina und Mandy in die Hände bekam und anfing, darin zu blättern, dachte ich: *Oh man, hätte ich doch damals schon dieses Buch gehabt!*

In meinen Laufanfängen war ich ganz weit entfernt von einem guten Plan, einer tollen Community und einer anhaltenden Motivation. Angespornt durch ein Video auf YouTube begann ich mit dem Laufen. Ich lief mit den erstbesten Turnschuhen, die ich im Schrank finden konnte, hochmotiviert und viel zu schnell los. Nach 15 Minuten war Schluss. Ich keuchte, hatte Seitenstechen und musste den Rest der Strecke gehen.

Mein zweiter Versuch als Läuferin folgte einige Jahre später. Dieses Mal wollte ich es richtig machen, suchte mir einen Trainingsplan für Anfänger raus und startete meine ersten *Geh-Versuche*. Ja, es war mehr ein Gehen als ein Laufen. Zwei Minuten joggen, eine Minute gehen und so weiter. In ein paar Wochen arbeitete ich mich ganz allein auf 30 Minuten Laufen am Stück hoch. Klar war ich stolz, aber Spaß hatte ich keinen dabei. Ich fühlte mich einfach allein auf weiter Flur.

Erst bei meinem dritten Anlauf ging ich es anders an. Ich suchte mir inspirierende Läuferinnen und Läufer zum Austausch, suchte mir mühsam viele Informationen aus unterschiedlichen Quellen zusammen und kaufte mir richtige Laufschuhe. Schritt für Schritt steigerte ich mich – bis zum Halbmarathon in unter zwei Stunden!

Heute laufe ich liebend gern, genieße die Natur dabei, trainiere ab und zu für Laufevents und bin einfach glücklich mit meiner Entwicklung. In meinem Herzen bin ich zur wahren Läuferin geworden und ich weiß: *Du kannst das auch!*

Nur, wie wäre es, wenn du nicht so einen Umweg gehen müsstest wie ich? Dafür ist *Get Ready to Run* das perfekte Werkzeug. Carina und Mandy wissen genau, wovon sie reden. Auch sie sind den langen Weg gegangen und wollen es anderen Laufeinsteigern einfacher machen. Genau diese Motivation liebe ich an diesem Buch! *Get Ready to Run* verrät offen und ehrlich, worauf es beim Laufeinstieg ankommt: Motivation, die erste Ausrüstung, der persönliche Laufstil, die Regeneration nach dem Lauf, den besten Trainingsplan und vieles mehr. Dabei gehen die beiden nicht mit dem erhobenen Zeigefinger vor, sondern berichten auch immer mit einem Augenzwinkern von ihren eigenen Erfolgen und Misserfolgen. Alles in einem Buch!

Get Ready to Run ist für mich eines der besten Bücher zum Laufeinstieg für alle, die mit Spaß diesem tollen Hobby nachgehen wollen. Und wie eingangs gesagt: Ich wäre glücklich gewesen, wenn ich es früher in Händen gehabt hätte …

Kristin Woltmann-Pahl
*Bloggerin, Buchautorin und Life Coach bei
EAT TRAIN LOVE – Sei die beste Version von dir!*
→ eattrainlove.de

ICH WAR NOCH NIE SPORTLICH.
ICH HABE KEINE AUSDAUER.
ICH BIN NICHT SCHNELL GENUG.
ICH SCHNAUFE WIE EIN WALROSS.
ICH BLAMIERE MICH DOCH.

Du musst einfach nur loslaufen!

DER REST KOMMT VON SELBST.

WIR HELFEN DIR BEIM ERFOLGREICHEN *Laufeinstieg*

Laufen, Joggen, Rennen – drei Begriffe, die eigentlich eine Disziplin der Leichtathletik beschreiben. Laufen war lange in erster Linie Hochleistungssport. Der Teil vom Sportunterricht, der am wenigsten Spaß gemacht hat, weil es immer darum ging, schneller als die Mitschüler zu sein. Doch mittlerweile hat sich Laufen zum Volkssport entwickelt, die Mode- und Fitnesszeitschriften sind voll mit Tipps, wie sich am besten mit dem Laufen beginnen lässt. Laufveranstaltungen verzeichnen immer höhere Teilnehmerzahlen und jede Wette, dass auch in deinem Freundeskreis vor Kurzem jemand verkündet hat, im nächsten Frühjahr beim Halbmarathon zu starten?

ALLE JAHRE WIEDER ...

Wenn die kalten Monate überstanden sind und uns die ersten wärmeren Sonnenstrahlen aus dem bequemen Wintermodus erwecken, wird es auf den Gehwegen in Städten, Parks und Wäldern wieder eng. Egal, ob jung oder alt: Alle scheint auf einmal das Lauffieber gepackt zu haben. Und dabei wirken alle auch noch so unangestrengt, so gelassen, fast schon grazil!

WO NEHMEN BITTE ALLE DIE MOTIVATION HER?

Kommt dir das folgende Szenario bekannt vor? Du bist gerade auf dem Weg zur Arbeit, mal wieder viel zu spät dran und völlig außer Atem, da läuft dir eine dieser Paradebeispiel-Joggerinnen entgegen. Ein akurat hüpfender Pferdeschwanz, perfekt abgestimmte Sportklamotten und ein breites Lächeln im Gesicht. Augenrollend wendest du dich ab, um deinen Sprint zur Bahnhaltestelle fortzusetzen, nur um im nächsten

Augenblick festzustellen, dass die Bahn ohne dich losgefahren ist. Große Klasse! Doch in der ungewollt errungenen Wartezeit macht sich plötzlich ein fixer Gedanke in deinem Kopf breit:

ES WÄRE DOCH GELACHT, WENN ICH DAS NICHT AUCH KANN!

Vielleicht hast du dir das Laufen mittlerweile fest vorgenommen. Eventuell bist du sogar schon das eine oder andere Mal gejoggt. Aber ganz ehrlich, einfach sieht anders aus, oder? Wahrscheinlich hechelst du dir die Seele aus dem Leib, dir tun schon nach zehn Minuten die Knie weh und dein Kopf läuft tomatenrot an. Spaß macht das nicht und statt tosender Begeisterung breitet sich schnell Frust aus.

Was nun? Schließlich willst du doch endlich durchstarten! Vielleicht steht bald ein großer Stadtlauf bei dir in der Nähe an und wie abgefahren wäre es, dort die Ziellinie zu überqueren? Wie cool wäre es, überhaupt 30 Minuten am Stück durchpowern zu können und dabei etwas für dich, für deine Gesundheit und deinen Kopf zu tun? Bei all den anderen Läuferinnen und Läufern klappt das doch auch! Es kann also nicht so schwer sein!

EHRLICH GESAGT: UNS GING ES WIE DIR

Genau diese Gedankengänge kennen wir nur zu gut. Schließlich haben auch wir irgendwann mal mit dem Laufen begonnen und können uns noch gut an unsere Anfänge erinnern. Auch wenn du es jetzt noch nicht glauben kannst – Laufen ist der leichteste Sport, den du ausüben kannst. Alles, was du brauchst, hast du bereits: deine Beine, die dich tragen, und die Motivation (und sei es auch nur ein Fünkchen), um zu beginnen. Nun fehlt nur noch der entscheidende Schritt. Der Schritt vor die Haustür. Ab dann läuft es wie von selbst!

Damit du die nächsten Schritte richtig setzt und vor allem, um deinem inneren Schweinehund zu beweisen, dass es sich lohnt, die Couch zu verlassen und Sport zu treiben, haben wir dieses Buch geschrieben.

Vor einigen Jahren begannen wir beide unabhängig voneinander mit dem Laufen. Wir wollten Sport treiben und mehr Bewegung in unser Leben bringen. Einfach aktiver werden und vor allem auch unsere Gesundheit fördern. Also legten wir los, teilweise mehr schlecht als recht. Auch wir begingen die typischen Anfängerfehler und führten unzählige Zwiegespräche mit der eigenen Motivation. Keine Frage, es war nicht immer einfach. Doch wir haben es durchgezogen und geschafft. Ein Leben ohne Laufen können wir uns heute nicht mehr vorstellen.

Damit du direkt loslaufen kannst und die richtigen Antworten für die Tage parat hast, an denen es dir Schwierigkeiten bereitet, in die Gänge zu kommen, hältst du dieses Buch in den Händen. Es wird dir dabei helfen, eine gesunde Einstellung zum Laufen zu finden. Vor allem aber wird es dir zeigen, dass es nicht schwer ist, am Ball zu bleiben.

Wir geben dir Motivationstipps an die Hand, die wir selbst noch heute erfolgreich einsetzen. Wir zeigen dir, dass es nicht immer teurer Funktionskleidung bedarf, und wie du es schaffst, aus fünf Minuten Hecheln, dreißig Minuten Laufen ohne Pause zu machen. Und das alles mit jeder Menge Spaß und Motivation! Denn wir wissen ja selbst:

MORGEN IST DER PERFEKTE TAG ...

... um wirklich anzufangen. Und zwar alles! Sei es Laufen, Mathe lernen, das neue Buch lesen, E-Mails beantworten oder andere wichtige Dinge erledigen. Das Beste daran: *Morgen* ist so herrlich flexibel!

Doch ganz ehrlich, morgen wirst du auch nicht mehr Lust haben loszustarten. Höre also auf, auf morgen zu warten. Mache morgen zu jetzt! Auch wir haben das Morgen gegen ein Jetzt eingetauscht und unsere Bedenken vor dem ersten Lauf abgelegt und aus zwei ganz normalen jungen Frauen, die nie sonderlich sportlich waren, wurden zwei Laufbegeisterte, die es bis zum Halbmarathon geschafft haben. Also:

LET'S GET READY TO RUN!

CARINA STÖWE

Ich bin Carina, selbstständige Bloggerin und Filmemacherin. Auf TRAVEL RUN PLAY und dem dazugehörigen YouTube-Kanal dokumentiere ich meine Reisen und zeige, wie man einen gesunden Lebensstil auf allen Ebenen erreicht. 2015 und 2016 war ich mit einem alten VW Bulli auf der Panamericana unterwegs und lebe und arbeite mittlerweile in Hamburg.

Im Sportunterricht war ich eine ziemliche Niete: keine Kraft, keine Ausdauer oder einfach nur keinen Bock. Dennoch versuchte ich mich außerhalb des Schulsports immer wieder an unterschiedlichen Sportarten – denn ganz ehrlich: An welchem Mädchen geht die Pubertät ohne Anflüge von Selbstverbesserungsmaßnahmen vorbei?

Phasen von Judo, Volleyball, Aerobic und auch Joggen bestimmten meine Teenagerjahre mal mehr, mal weniger intensiv, jedoch nie ausdauernd genug, um am Ball zu bleiben. Vor allem fehlte mir eins bei allen Sportarten: die Leidenschaft. Ich sah den Sport lediglich als Mittel zum Zweck und musste mich zu wirklich jedem Workout zwingen.

ALLES ÄNDERTE SICH IN AUSTRALIEN

2009 sollte sich das ändern. Während meines Auslandssemesters in Australien kam ich auf die aberwitzige Idee, der Sportart, die mich am meisten nervte, eine Chance zu geben: dem Laufen.

Hauptargument fürs Laufen war der unschlagbare Preis (nämlich null Australische Dollar), gefolgt von der Tatsache, dass ich diesen Sport ausführen konnte, wann und wo immer ich wollte. Zudem brauchte ich keine ausgefallene, teure Ausrüstung – das ideale Argument, um meine verwaschene, aber unglaublich bequeme Jogginghose statt nur auf der Couch, auch in der Öffentlichkeit tragen zu können.

So zog ich los zu meinen ersten Laufversuchen. Anfangs noch ziemlich widerwillig, trottete ich durch die Parks und schielte den dynamischen Sportskanonen hinterher, die mich beschwingt überrundeten. *Irgendwann haben die auch mal genauso wie ich angefangen*, war mein Mantra, das mich jeden Trainingstag aufs Neue motivierte und die Laufschuhe schnüren ließ. Und tatsächlich: Mit der Zeit lief ich mit mehr und mehr Spaß zunächst kreuz und quer durch Melbourne, dann weiter in Deutschland und heute in der ganzen Welt.

2012 lief ich meinen ersten Halbmarathon und habe viele meiner Freunde mit dem Lauffieber angesteckt. Für mich bedeutet läuferischer Erfolg nicht, große Rennen zu absolvieren, sondern meine Umwelt zu gesunden Gewohnheiten zu motivieren. Anhand meiner Erfahrungen möchte ich zeigen, wie Laufen das Leben völlig auf den Kopf stellen und zum Positiven verändern kann.

Moin!

MANDY JOCHMANN

Mein Name ist Mandy und ich stecke hinter dem Blog Go Girl! Run!. Wenn bei mir nicht gerade das Reisefieber ausgebrochen ist, arbeite, lebe und laufe ich als selbstständige Kommunikationsdesignerin in meiner Heimatstadt Rostock. Ich liebe es, wenn mir eine salzige Brise Meeresluft durchs Haar weht, und bin mit Herz und Seele Ostseekind.

Sportlich war ich schon immer – auf meine Art. Ein paar Schwimmeinheiten hier, zum Fitnessstudiokurs dort, ab und an Fahrradfahren. Natürlich nie ambitioniert und vor allem nicht so, dass es einen langfristigen Effekt auf meinen Körper hatte. Das Gewissen beruhigen, wenigstens ein bisschen was getan zu haben – so sah mein *sportliches Leben* vor März 2013 aus.

Laufen wollte ich immer schon. Schließlich scheint Joggen so einfach und entspannt zu sein. Das erste Mal hatte ich bereits mehrmals hinter mir, doch mit dem zweiten und dritten Versuch haperte es. Bis mir eine Freundin, die selbst seit Jahren läuft, ihr Geheimnis verriet: *Starte langsam und mit kurzen Strecken.* Sie stellte mir meinen ersten Trainingsplan mit einem 5-Kilometer-Ziel zusammen. Der Weg dahin war nicht leicht, aber ich war mehr als motiviert. Das erste Training dauerte keine zehn Minuten, danach brauchte ich gefühlt ein Sauerstoffzelt ...

NACH MEINEM ERSTEN LAUFEVENT WOLLTE ICH MEHR

Doch ich blieb am Ball, informierte mich, begann Ausgleichssport zu machen und versuchte mich bewusst gesünder zu ernähren. Darum war es nach dem ersten 5-Kilometer-Rennen auch nicht vorbei. Ich wollte mehr! Dieses positive Gefühl, meinen Körper zu spüren, mir und ihm etwas Gutes zu tun, mich auszupowern und einen Sport gefunden zu haben, den ich immer und überall ausüben konnte – diese Motivation hielt an.

Laufen macht mich glücklich, aber es fordert mich auch immer wieder aufs Neue heraus. Sei es in Form eines Halbmarathons, mit dem Verbessern meiner Geschwindigkeit oder mit dem einen oder anderen Lauftief, das für mich einfach dazugehört. Ab und an brauche ich sogar mehr als Laufen und so habe ich in den letzten Jahren bereits einige Jedermann-Triathlons absolviert.

Letztlich ist der Wunsch, weiter zu laufen und sportlich aktiv zu bleiben, in einen Lifestyle übergegangen. Laufen ist nicht mehr aus meinem Leben wegzudenken. Laufschuhe und meine Trainingskleidung begleiten mich auf jeder Reise und sei sie noch so kurz!

Mit meiner Begeisterung stecke ich immer wieder Freunde und Bekannte an, selbst die Laufschuhe zu schnüren. Deshalb möchte ich auch dir zeigen, wie einfach der Einstieg in die Laufwelt aussehen kann. Denke immer daran: Du musst keine Superduper-Bestzeiten laufen! Wenn du laufen möchtest, tu es für dich und hab Spaß dabei!

ICH BIN MÜDE.
ES IST ZU KALT.
ES IST ZU HEISS.
ES REGNET.
ES IST SCHON SPÄT.
ICH HABE KEINE ZEIT
UND ERST RECHT KEINE LUST.

SCHLUSS MIT
ALL DEINEN
Ausreden!

Kapitel 1

Warum solltest du überhaupt laufen?

LASS DICH VOM *Lauffieber* ANSTECKEN

Laufen ist die perfekte Sportart für alle, die bei ihren sportlichen Vorhaben so wenige Hürden wie möglich überwinden wollen. Zum Laufeinstieg benötigst du kein teures Equipment. Du bist nicht auf ein Fitnessstudio oder eine Sporthalle angewiesen und du brauchst keinen Trainingspartner zum Loslegen. Alles, was du benötigst, bist du selbst und ein Paar Laufschuhe.

Du musst einfach nur vor die Haustür treten und loslaufen, ganz egal, wo du bist und wie viel Uhr es ist. Darum eignet sich Laufen als perfekter Sport für alle, die einen stressigen Alltag haben oder viel und gerne unterwegs sind. Laufen passt sich deinem Lebensrhythmus an und ist dabei so herrlich flexibel. Es schmiegt sich sanft in die verschlafenen Morgenstunden, um dich wachzurütteln, oder schüttelt am Abend noch einmal alle Anspannungen des Tages aus deinen Gliedern. Laufen ist immer für dich da, wenn du es brauchst, und zeigt dir immer wieder neue Perspektiven auf.

Auch wenn es dir jetzt noch nicht so erscheinen mag: Mit dem Laufen anzufangen ist wirklich einfach, und es hat zudem noch viele weitere, großartige Vorteile. Deswegen möchten wir mit dir gleich voll einsteigen und stellen dir unsere 13 besten Gründe vor, warum du jetzt sofort mit dem Laufen loslegen solltest!

13 UNSCHLAGBAR GUTE GRÜNDE, UM HEUTE MIT DEM LAUFEN ZU BEGINNEN

1. LAUFEN KANNST DU IMMER UND ÜBERALL

Berlin, München, London, Saigon oder wo auch immer auf der Welt: Laufen kannst du wirklich überall! Das Einzige, was du dafür brauchst, sind deine Laufschuhe und ein paar bequeme Klamotten (die passen selbst bei einer Geschäftsreise ins Handgepäck!)

2. BEIM LAUFEN ENTDECKST DU DEINE UMGEBUNG NEU

Gerade, wenn du auf Reisen oder im Urlaub läufst, kannst du dadurch eine unbekannte Umgebung wunderbar erkunden. Du entfachst damit ein Entdeckergefühl der besonderen Art. Auch zu Hause kannst du auf diese Weise deine Nachbarschaft neu erkunden oder Stadtteile in deine Laufstrecke einbauen, die du normalerweise nicht besuchst.

3. LAUFEN KOSTET NICHT VIEL GELD

Um fit zu werden, brauchst du kein Fitnessstudio oder andere überteuerte Trainingsprogramme. Laufen ist eine sparsame Möglichkeit, um eine sportliche Routine in dein Leben zu bringen und deinen Alltag aktiver zu gestalten.

4. MORGENS ODER ABENDS: LAUFEN GEHT IMMER

Ob morgens, mittags, abends oder – mit der richtigen Ausrüstung – auch nachts: Laufen kennt keine zeitlichen Einschränkungen. Du kannst dir deine Laufzeiten frei einteilen und bist nicht an die üblichen Öffnungs- oder Kurszeiten eines Sportstudios gebunden. Nach einiger Zeit wirst du die richtige Tageszeit herausfinden, zu der du am liebsten unterwegs bist.

5. LAUFEN MACHT DICH GLÜCKLICH

Wir versprechen es dir! Nach der ersten Überwindung wird sich bald ein Glückszustand bei dir einstellen. Die Endorphine hüpfen im Laufrhythmus mit dir um die Wette und schon nach deinem ersten Lauf wirst du stolz wie Bolle sein. Du hast deinen inneren Schweinehund überwunden und es geschafft – ganz egal wie langsam oder schnell du warst.

Je länger du dabeibleibst, desto mehr wird sich dein Körper verändern, und du wirst dich schnell sehr viel wohler und fitter fühlen.

6. DU LERNST NEUE MENSCHEN KENNEN, DIE AUCH LAUFEN

Wenn du das Laufen beginnst, musst du nicht zwangsläufig alleine unterwegs sein. Laufen ist ein Sport, der viele Menschen begeistert. Du könntest einer Laufgruppe oder einem Verein beitreten. Vielleicht bist du neu in einer Stadt? Dann ist Laufen eine tolle Möglichkeit, schnell Anschluss zu finden oder auf Reisen Einheimische kennenzulernen. Vor allem aber motiviert es dich, am Ball zu bleiben, und du kannst dich klasse mit anderen Anfängern oder auch Fortgeschrittenen austauschen. Suche dafür einfach bei Facebook nach *Laufen/Laufgruppe/Running Crew (Stadtname)* oder schau bei → meetup.com rein. Schnell fündig wirst du auch, wenn du nach Laufevents in deiner Nähe suchst.

7. LAUFEN MACHT STRESSRESISTENTER

Schon nach den ersten Laufwochen wirst du merken, dass du sehr viel entspannter bist als zuvor. Die Bewegung, die regelmäßige Atmung und die frische Luft tragen dazu bei, dass du dich bedeutend fitter und ausgeglichener fühlst. Für viele Menschen ist Laufen eine Form von aktiver Meditation, bei der sie in der Bewegung abschalten können. Das völlige Aufgehen in diesem Zustand wird häufig als *Flow* beschrieben.

Viele Stressfaktoren, die dich sonst sofort auf die Palme bringen würden, werden dich nach einer Runde Laufen sehr viel weniger aus der Bahn werfen. Du schaffst es, sie aus einer anderen Perspektive zu betrachten und letztlich besser mit ihnen umzugehen.

8. DU BEEINDRUCKST LAUFEND DEINE MITMENSCHEN

Nur wenige Menschen haben die Disziplin, sich bei Wind und Wetter zum Laufen aufzuraffen. Nur wenige stehen um sechs Uhr morgens auf, um ihre Trainingseinheit durchzuziehen. Wenn du dem Laufen mit Haut und Haaren verfallen bist, wird sich das nicht mehr total abwegig für dich anhören, sondern durchaus plausibel und nach einer spannenden Herausforderung, der du dich mit jeder neuen Laufeinheit stellen kannst.

Erzähl deinem Liebsten, deiner Mutter oder deinen Kollegen, dass du jetzt läufst. Sie werden mit Sicherheit beeindruckt sein und dich unterstützen. Vielleicht möchte der ein oder andere sogar mitmachen und das wiederum wird dich noch mehr motivieren.

9. LAUFEN STÄRKT DEIN SELBSTBEWUSSTSEIN

Mit jedem Lauf forderst du dich selbst aufs Neue heraus. Schon mit dem ersten Schritt vor die Haustür beweist du dir: Du kannst es schaffen und trittst deinem inneren Schweinehund damit gehörig in den Hintern. Wenn du es schaffst, regelmäßig zu laufen (egal, ob das zwei oder vier Mal in der Woche ist), kannst du sicher sein, dass du auch andere Dinge wuppst, die du dir vornimmst. Du bekommst das mit dem Laufen hin – warum solltest du nicht auch alles andere erreichen können? Klopfe dir ab und an ruhig selbst auf die Schulter und sag dir: *Hey, es ist klasse, dass ich das durchziehe! Ich hab's drauf!*

10. WER LÄUFT, SCHLÄFT BESSER

Lange Arbeitstage vor dem Schreibtisch und der häufig damit verbundene Stress verführen oft dazu, dass wir den Abend gerne auf der Couch ausklingen lassen. Den ganzen Tag haben wir uns, meist außer dem Arbeitsweg und dem Gang zum Mittagessen, kaum bewegt und sobald wir zu Hause angekommen sind, lassen wir uns von den neusten Updates auf Social Media und dem Fernseh- oder Netflixprogramm berieseln. Dies kann sehr häufig der Grund dafür sein, dass wir schlecht ein- oder durchschlafen. Laufen gleicht dein Bewegungsdefizit aus und hilft vor allem dabei, die Eindrücke des Tages besser zu verarbeiten. Gerade eine abendliche Laufrunde hilft beim Abschalten, powert dich an der frischen Luft aus und macht dich somit müde. Du wirst besser schlafen denn je!

11. WER LÄUFT, IST ZIELSTREBIGER

Bei jeder neuen Laufeinheit wirst du merken, dass du ein Stückchen weiter laufen kannst und ein bisschen schneller wirst. Das motiviert gerade zu Beginn ungemein und beweist dir, dass du mit der richtigen Vorbereitung alles erreichen kannst. Das Festlegen und Erreichen realistischer Ziele, das Zusammenstellen eines Trainingsplans und die Unterstützung deiner Lauffreunde werden dich auch in anderen Lebensbereichen dazu ermutigen, auf deine bewährten Strategien aus dem Laufen zurückzugreifen und dein Leben positiv zu beeinflussen.

12. LAUFEN HÄLT DICH FIT UND GESUND

Es ist für dich wahrscheinlich nicht unbedingt etwas Neues, dass Bewegung gesund ist und gesund macht. Durch regelmäßiges Laufen wird dein Herz leistungsfähiger, dein Lungenvolumen nimmt zu und deine Zellen werden mit mehr Sauerstoff versorgt. Was das genau für dich und deinen Körper bedeutet? Das Risiko, an einer Herz-Kreislauf-Krankheit wie etwa Bluthochdruck zu erkranken und einen Herzinfarkt oder einen Schlaganfall zu erleiden, sinkt drastisch. Zudem verbesserst du deine Konzentrationsfähigkeit. Diese positiven Veränderungen wirst du vielleicht nicht direkt nach dem ersten Lauf verspüren, aber wenn du weiter dranbleibst, wirst du dich wohler in deinem Körper fühlen. Durch die bewusste Bewegung und dadurch, dass du auf deinen Körper hörst, baust du eine viel bessere Verbindung zu ihm auf. Das ist ein Zustand, den viele Menschen so noch nie kennengelernt haben.

Zudem regt die frische Luft, die beim Laufen in deine Lungen strömt, die Produktion von Abwehrstoffen an. Somit trainierst du deinen Körper gegen Viren und Krankheitserreger. Vor allem im Winter lauern diese in den öffentlichen Verkehrsmitteln und verstecken sich in der kuschelig warmen Heizungsluft. Regelmäßiger Sport im Freien stärkt deine Abwehrkräfte also zusätzlich und macht dich fitter im Alltag.

13. LAUFEN SCHENKT DIR ZEIT FÜR DICH SELBST

Wann hast du dir das letzte Mal Zeit nur für dich selbst genommen? Das könnte schon ein bisschen länger her sein, nicht wahr? Bei all den To-dos und sozialen Verpflichtungen, die wir uns immer wieder aufbürden, kommt dabei die wichtigste Person in deinem Leben leider oft zu kurz: Du selbst! *Das mache ich morgen!* oder *Ach, nächstes Wochenende vielleicht ...* sind typische Verzögerungstaktiken, um letztlich wieder einen Grund zu finden, das längst überfällige Date mit sich selbst zu verschieben.

Wenn du dich entscheidest, regelmäßig zu laufen, nimmst du dir damit bewusst Zeit für dich. So kann dich Laufen dir selbst ein großes Stück näherbringen.
Während eines Laufs hast du endlich die Zeit, dich mit Themen auseinanderzusetzen, die du im Alltag vielleicht erfolgreich verdrängst. Auch wenn es manchmal schmerzhaft ist, an einige Dinge erinnert zu werden – laufe nicht vor ihnen weg, sondern laufe ihnen entgegen.

Gönne dir diese Zeit mit dir selbst.

Mit diesem Gedanken im Hinterkopf eröffnest du dir zudem eine ganz neue Herangehensweise ans Laufen und es wird dir leichter fallen, deinen inneren Schweinehund zu überwinden.

MIMIMI.
MIMIMI.
MIMIMI.
MIMIMI.
MIMIMI.
MIMIMI.

DEIN STÄRKSTER *Muskel* IST DEIN *Wille.*

Kapitel 2

Pure Motivation

AUF DEM WEG ZU DEINEM
besten Lauf

Schließe deine Augen und stelle dir deinen perfekten Lauf vor. Wie könnte der wohl aussehen? Siehst du dich vielleicht entspannt an einem frühen Sommermorgen durch knallgelbe Rapsfelder joggen? Machst du mit deiner besten Freundin oder auch ganz neuen Lauffreunden den nahe gelegenen Park unsicher? Oder wirst du erschöpft, aber überglücklich die Ziellinie eines Marathons überschreiten?

Du denkst jetzt, dass das überhaupt nicht möglich ist oder – wenn doch – noch in sehr weiter Ferne liegt? Wirst du das überhaupt jemals schaffen? Es ist an der Zeit, deine Selbstzweifel und Ausreden über Bord zu werfen und der Wahrheit ins Gesicht zu blicken: Du kannst alles erreichen, was du dir vornimmst. Und mit alles meinen wir wirklich alles!

Am Anfang wird es schwer sein, diese Wahrheit zu akzeptieren und zu verinnerlichen, doch wir werden dir die effizientesten Werkzeuge an die Hand geben, um deine Ziele zu erreichen. Alles, was du dafür brauchst, ist eine gehörige Portion Motivation, den einen oder anderen Tritt in den Hintern (unter anderem von uns) und Strategien, die dich schneller auf die Laufstrecke bringen, als du es dir je erträumt hast.

In diesem Kapitel gehst du deinem Laufvorhaben auf den Grund und lernst unsere besten Motivationstipps kennen. Denn Motivation ist einer der wichtigsten Aspekte beim Laufen und bei jeder anderen Herausforderung, der du dich stellen möchtest.

Kopf- & Herzenssache
GEH DEINER MOTIVATION AUF DEN GRUND!

Mit dem Joggen anzufangen, wenn du gar nicht weißt, warum du es wirklich möchtest, bringt sehr wenig. *Gesund und fit sein* sind zwar zwei sehr gute Argumente, meist sind sie jedoch nicht stark genug, um dich frühmorgens aus dem kuscheligen Bett zu zwiebeln, damit du bei Dunkelheit und Kälte laufen gehst. Und das nicht nur einmalig, sondern über mehrere Wochen hinweg, insbesondere in den Wintermonaten.

Das Gesundheitsargument wird uns von unzähligen äußeren Einflüssen wie etwa den Medien immer wieder eingetrichtert. Deswegen verbindet unser Unterbewusstsein unterschwellig etwas Negatives damit und wir sträuben uns dagegen, denn unser Kopf mag es gar nicht, wenn uns etwas aufgedrückt wird.

Ebenso steht es um das *Abnehmenwollen*. Laufen ist leider nicht unbedingt der schnellste Weg zur Bikinifigur, auch wenn uns das die lieben Medien eine lange Zeit weismachen wollten. Aber ist Abnehmen überhaupt dein wahres Ziel? Du solltest dich fragen: Ist das ein kraftvolles Argument, das dich aus der Haustür schubst, wenn du mal keine Lust aufs Laufen hast?

WORAN MERKEN, DASS ES NICHT DER EIGENTLICHE ANTRIEB IST?

Ich sollte … ist ein guter Indikator dafür, dass du vermutlich nicht ganz so sehr mit dem Herzen dabei bist, wie du es dir vielleicht wünschen würdest. Das Schlimme an *Ich sollte …* ist nicht nur die Wahrscheinlichkeit, dass diese Phrase deinem Vorhaben eine mickrige 50/50-Chance zur Umsetzung gibt, sondern auch das unterschwellige schlechte Gewissen, das mitschwingt. Laufen soll Spaß machen, und es darf nicht mit einem permanent negativen Unterton verbunden sein. Sollte deine anfängliche Begeisterung nach kurzer Zeit bereits nachlassen, ist das ein weiteres zuverlässiges Zeichen dafür, dass dir die richtige Motivation fehlt.

WAS TUN WIR ALSO, UM DIESEM DILEMMA ZU ENTGEHEN?

Benutze deinen Kopf, um deine Herzenssache zu finden! Nimm dir am besten jetzt ein paar Minuten Zeit, um herauszufinden, warum du wirklich mit dem Laufen anfangen möchtest. Welcher eigentliche Grund steckt hinter deinem Laufvorhaben, wenn du in dich hineinhorchst und ganz ehrlich zu dir bist? Bist du bereit dafür? Dann beginne direkt auf der nächsten Seite mit deinem *Warum*.

WARUM GENAU MÖCHTEST DU EIGENTLICH MIT DEM LAUFEN ANFANGEN?

_____
_____
_____
_____
_____
_____
_____
_____
_____

WARUM SIND DEINE GENANNTEN GRÜNDE WICHTIG FÜR DICH? WAS STECKT DAHINTER?

_____
_____
_____
_____
_____
_____
_____
_____
_____
_____

SO KÖNNTEN BEISPIELANTWORTEN AUSSEHEN:

WARUM GENAU MÖCHTEST DU EIGENTLICH MIT DEM LAUFEN ANFANGEN?

Ich bin sehr gestresst, unausgeglichen und weiß nicht, wo ich in der Zukunft wirklich hinwill. Ich möchte Laufen, um wieder einen klaren Kopf zu bekommen und mein Leben in Balance zu bringen. Vor allem möchte ich etwas für mich alleine tun. Das habe ich in letzter Zeit zu selten gemacht.

WARUM SIND DEINE GENANNTEN GRÜNDE WICHTIG FÜR DICH? WAS STECKT DAHINTER?

Ich habe immer so super viel um die Ohren, dass ich völlig vergesse, Zeit für mich einzuplanen, um mich auch mal nur um mich selbst zu kümmern. Um ehrlich zu sein, gestehe ich mir das selbst nicht wirklich zu, weil ich die Zeit ja auch effizienter und sinnvoller nutzen könnte. Wenn ich mit dem Laufen anfange, entscheide ich mich damit bewusst dafür, mir etwas Gutes zu tun, und lerne, mich und meinen Körper endlich wieder wertzuschätzen.

DEINE ANTWORTEN SIND ESSENZIELL FÜR DEINE MOTIVATION

Gehe einmal tief in dich und beantworte diese Fragen ehrlich auf einem Blatt Papier. Gründe, die nicht von ganzem Herzen kommen, sind dabei tabu. Sei so genau wie möglich, wenn du die zweite Frage beantwortest, und überlege gut, was du damit wirklich meinst. Erst wenn du deiner wahren Motivation auf den Grund gegangen bist, solltest du weiterlesen. Mache es jetzt direkt, denn alle guten Tipps, die wir dir hier geben, sind nur etwas wert, wenn du dir darüber im Klaren bist, warum du läufst.

SCHON PAPIER UND STIFT RAUSGEKRAMT?

Komm schon, tu es! Wenn du dich zu dieser kleinen Übung überwinden kannst, bist du auch dem Laufen schon einen großen Schritt näher.

Das schriftliche Beantworten dieser Fragen und deine Bereitschaft, deine Wünsche auch in die Tat umzusetzen, hängen unmittelbar zusammen. Wie wichtig kann dir das, was du erreichen möchtest, sein, wenn du dir nicht einmal die kurze Zeit nehmen möchtest, um dich näher damit zu beschäftigen?

Indem du dir fünf bis zehn Minuten Zeit nimmst, um in dich zu gehen und dich aufrichtig mit deinen Gründen und deinem Warum zu beschäftigen, programmierst du deinen Kopf auf Aktion. Du findest nicht nur heraus, was du wirklich willst, sondern bist auch wesentlich mehr bereit, es in die Tat umzusetzen.

Dein Warum muss so stark sein, dass du losläufst, weil du es wirklich aus voller Überzeugung und aus tiefstem Herzen heraus willst, und nicht weil du meinst, du müsstest es tun, um irgendwem gerecht zu werden. Der einzige Mensch, vor dem du am Ende Rechenschaft ablegen musst, bist du selbst.

Wenn du dein wahres Warum kennst, wirst du davon überzeugt sein, dass jede Überwindung zum Laufen zu gehen, und anschließend jeder Schritt auf der Laufstrecke dich deinem Ziel ein Stück näherbringt.

Wir können (und wollen) dich weder dazu zwingen, deinem Warum auf den Grund zu gehen, noch mit dem Laufen zu beginnen. Die Motivation muss aus dir selbst herauskommen.

ALSO, BIST DU BEREIT?

Wenn du das für dich verstanden und erkannt hast, was dich wirklich motiviert, versprechen wir dir:

LAUFEN KANN SPASS MACHEN UND ZWAR ZIEMLICH VIEL

Für viele Menschen kommt die Liebe zum Laufen erst auf den zweiten Blick. Vergiss deswegen all die negativen Aspekte, die du bisher vielleicht mit Joggen oder Sport im Allgemeinen verbunden hast, und lass dich einfach darauf ein. Gerade, wenn dir der Anfang schwerfällt, zahlt sich das Durchhalten ganz besonders aus und du wirst in einigen Monaten stolz zurückblicken.

Schweinehund, ade

MIT DIESEN STRATEGIEN ÜBERLISTEST DU IHN!

Nun, da deine Grundeinstellung geklärt ist, widmen wir uns dem sagenumwobenen inneren Schweinehund, dieser gemeinen inneren Stimme, die uns lieber träge und bequem auf der Couch sitzen sehen möchte, und seinen guten Freunden, den Ausreden.

SCHLUSS MIT ALL DEINEN AUSREDEN

Klar möchtest du aktiv sein! *Laufen? Gar kein Problem! Ich fang morgen direkt an.* Heute, morgen, übermorgen – und, bist du gelaufen? Natürlich nicht, denn du hast jede Menge Ausreden: Uhrzeit, keine Zeit, Wetter, Termine, ein bisschen krank oder einfach keine Lust. Es gibt viele Gründe, sich vorm Sport zu drücken. Auch wir haben sie alle vorgeschoben, um uns erfolgreich vom Laufen abzuhalten. Du bist also nicht alleine. Aber statt Ausreden solltest du lieber Gründe finden, die dich zum Sport motivieren.

MIT DER RICHTIGEN MOTIVATION KLAPPT ALLES

Tritt deinem Schweinehund in den Hintern und entwickle Methoden, um ihn immer wieder zu überrumpeln. Nutze äußere Motivation, indem du zum Beispiel Freunden von deinen Zielen erzählst und sie dich ermutigen können. Wichtiger ist jedoch die Motivation, die aus dir selbst herauskommt. Die ersten Male wirst du mit den Zähnen knirschen, aber je öfter du läufst, desto stolzer wirst du auf dich sein.

Mache dein Training zur Gewohnheit und damit zum festen Bestandteil deines Alltags. So wird es dich schnell nur noch wenig bis gar keine Überwindung mehr kosten, Sport zu treiben, sondern du wirst morgens aufstehen und denken: *Jetzt will ich laufen!* Ab dann wirst du wie selbstverständlich deine Sportschuhe schnüren und nach einigen Monaten feststellen: *Hey, ich laufe tatsächlich!*

DIE RICHTIGE DOSIERUNG

Habe jedoch Folgendes stets dabei im Blick: Zu viel Motivation kann in Übertraining oder gar mit einer Verletzung enden. Gönne deinem Körper daher regelmäßige Ruhepausen. Laufe also nicht jeden Tag. Wenn du merkst, dass es zu viel wird, höre in dich hinein, um festzustellen, wer da nun spricht: Dein Schweinehund, weil er faul ist, oder dein Körper, weil er echt mal eine Pause braucht?

UNSERE STRATEGIETIPPS

BESTIMME FESTE TRAININGSTAGE

Lege dich fest, an welchen Tagen in der Woche du laufen willst. An diesen Tagen trägst du das Training als Termin in den Kalender ein, sodass du es als unumstößlich empfindest und durchziehst. *Ups, vergessen!* zählt nicht mehr!

SETZE DIR EIN REALISTISCHES LAUFZIEL

Motivation ist das A und O beim Laufeinstieg. Mit den ersten Erfolgen wirst du schnell feststellen, dass dein Ehrgeiz wächst. Du willst mehr! Es ist somit an der Zeit, die Suchmaschine anzuschmeißen und dir tolle Laufveranstaltungen in deiner Umgebung auszusuchen. Übertreibe es aber nicht gleich und suche dir bitte nicht direkt den nächsten Marathon aus. Versuche dich vielleicht erst an einer 5- oder 10-Kilometer-Strecke. Das sind für den Anfang realistische Distanzen, die du dir vornehmen und erreichen kannst.

ENTWICKLE EINEN EIGENEN TRAININGSPLAN

Um dich beim Laufen kontinuierlich zu steigern oder auf ein Laufevent hinzutrainieren, hilft dir ein Trainingsplan, der als eine Art Kompass, aber auch als Motivationshilfe dient, um deine Ziele zu erreichen. Er zeigt an, wie du dich steigern kannst und wie du Struktur ins Training bringst. Wichtig ist, dass der Plan an deine Alltagsbedürfnisse angepasst ist.

HALTE DEINE ERFOLGE FEST

Egal, ob Trainingsplan oder nicht: Mache dir bewusst, wie großartig, diszipliniert und fit du bist. Das geht ganz einfach mit einem Kalender oder Trainingstagebuch, der/das dir aufzeigt, wann du wie viel gelaufen bist. Entweder analog an deiner Pinnwand zu Hause oder digital mit einer Running-App.

VERSUCHE, MORGENS LAUFEN ZU GEHEN

Zugegeben: Sich unter der Woche um sechs Uhr in der Morgendämmerung zu einer Joggingrunde zu überreden, ist nicht gerade das Nonplusultra. Läufst du morgens, startest du jedoch viel fitter und wacher in deinen Tag. Außerdem kannst du das gerade am Anfang vielleicht noch bedrückende Gefühl von *Ich muss heute noch Laufen gehen* abschütteln und den Tag sehr viel entspannter und vor allem stolzer angehen. Denn du hast deine Trainingseinheit bereits erledigt!

DER ABEND DAVOR: LEGE DIR DEINE SPORTKLAMOTTEN RAUS

Wenn du morgens Laufen gehst, lege dir am Abend vorher deine Sportklamotten zurecht, am besten gleich neben dein Bett. So musst du morgens nicht lange nachdenken und kannst direkt hineinschlüpfen. Das spart Zeit und überlistet deinen inneren Schweinehund. Ganz harten Fällen empfehlen wir, direkt in den Laufklamotten zu schlafen. Das ist sehr effektiv!

SUCHE DIR LAUFPARTNER, DIE DICH MOTIVIEREN

Motiviere die Menschen in deinem Umfeld, dich sportlich zu unterstützen. Entweder in Laufschuhen oder auf dem Fahrrad, Hauptsache du bist nicht alleine. Wenn keiner möchte oder kann, suche in Facebook-Gruppen Gleichgesinnte oder besuche Lauftreffs. Das stärkt deine Lust rauszugehen, du lernst neue Leute kennen und kannst Erfahrungen austauschen. Zudem erhöht sich der Druck, einen Lauftermin einzuhalten.

ERSTELLE DIR EINE PEPPIGE PLAYLIST

Musik pusht! Vielleicht brauchst du zwei, drei Powersongs, die dich so richtig in Fahrt bringen, wenn du einen schlechten Lauftag hast? Stelle dir eine tolle Playlist zusammen, die du regelmäßig aktualisierst. Oder wie wäre es mit einem Podcast oder Hörbuch? So kommt garantiert keine Langeweile auf!

NUTZE LAUFEN ALS FORTBEWEGUNGSMITTEL

Betrachte Laufen gerne als Mittel zum Zweck. Gehen bringt dich von A nach B. Wie wäre es, wenn du das nächste Mal, wenn du in deine Laufsachen schlüpfst, einen Zahn zulegst und beispielsweise von der Arbeit einen Teil oder gleich ganz heimjoggst? Das bedarf ein wenig Organisationsgeschick. Nimm dafür nur die Dinge mit, die du für den Heimweg brauchst: Laufsachen, Schlüssel, Ausweis, Handy und eventuell ein wenig Geld.

BELOHNE DICH NACH DEM LAUFEN

Bei einem Rennen ist deine Belohnung der Adrenalinschub, wenn du das Ziel erreichst. Mache jeden deiner Läufe zu einem Highlight und gönne dir hinterher eine Kleinigkeit. Sei es ein langes Fuß- oder Vollbad, ein Strauß frisch geschnittener Blumen im Frühling oder ein selbst gemachter Chai-Tee mit Milchschaum im Winter. Während des Trainings kannst du dich so schon auf das Danach freuen.

WENN GAR NICHTS GEHT: UNSER SUPER-SPECIAL-AUFRAFF-TIPP

Wenn du wirklich überhaupt keine Lust aufs Laufen oder zum Sport hast – raffe dich zumindest für zehn Minuten auf. Sage dir, wenn du danach immer noch keinen Bock hast, darfst du aufhören. Ziehe die zehn Minuten durch! Meist bekommst du während dieser zehn Minuten doch Lust, weiterzumachen, und falls nicht, hast du es wenigstens ernsthaft versucht.

HEUTE HATTE
ICH EINEN
TOTALEN SCHEISSTAG.

EVEN A *bad run* IS *better* THAN *no* RUN AT ALL.

Kapitel 3

Dein erster Lauf

Es ist so weit!

DU BIST BEREIT FÜR DEINEN ERSTEN LAUF!

Falls du trotz allem noch hadern solltest – du brauchst nicht auf den richtigen Zeitpunkt zu warten. Er wird nicht eines Tages bei dir vorbeischneien, dich an der Hand nehmen und dich darauf hinweisen, dass es nun so weit ist. Das musst du schon selbst tun. Deswegen machen wir es dir einfach und sagen dir: Der richtige Zeitpunkt ist jetzt!

Lauf einfach los! ist einfacher gesagt als getan. Darum fragst du dich zu Recht, worum geht´s beim ersten Lauf genau?

Es geht darum, dass du dich von der bloßen Vorstellung des Laufens verabschiedest und dich endlich dazu überwindest, in Aktion zu treten. Es geht nicht darum, gleich am Anfang einen Rekord aufzustellen oder irgendwem etwas zu beweisen. Es geht darum, dass du die Sache entspannt angehst, ohne Druck von außen oder von dir selbst. Dass du verstehst, dass Laufen nichts mit Können zu tun hat, sondern einfach eine Gewohnheit ist. Und Gewohnheiten kann sich jeder aneignen.

Schlussendlich geht es darum, dass du dieses Buch aus der Hand legst, von der gemütlichen Couch aufstehst, dich fertig machst und einfach losläufst.

Auf geht's!

FRAGEN UND ANTWORTEN RUND UM
die Ernährung

Bevor du so richtig losspurten kannst, befassen wir uns noch kurz mit dem Thema Ernährung. Das ist weit wichtiger, als viele glauben. Eine ausgewogene Ernährung erhöht schließlich deine Leistungsfähigkeit. Wir fassen dir die wichtigsten Fragen und hilfreiche Antworten zusammen:

WANN UND WAS SOLLTE ICH VOR EINER LAUFEINHEIT AM BESTEN ESSEN?

Wenn du weißt, wann du das Laufen in deinen Tagesablauf integrierst, ist das Thema Essen gar nicht so schwer. Bei Mahlzeiten, die vier bis fünf Stunden vor deinem Lauf liegen, kannst du meist essen, was du möchtest. Die letzte größere Mahlzeit sollte aber mindestens zwei bis drei Stunden zurückliegen, damit sie dir beim Laufen nicht allzu schwer im Magen liegt.

Empfehlenswert ist es, vor dem Training kohlenhydratreiche Lebensmittel zu dir zu nehmen. Am besten keine ballaststoffhaltigen oder komplexen Produkte wie Müsli. Auch allzu fettiges Essen oder schweres Mayonnaisedressing auf dem Salat solltest du meiden. Deine Verdauung braucht für diese Lebensmittel länger und entsprechend belasten sie deinen Magen. Greife daher lieber zu einer Banane, ungesüßtem Grießbrei oder echtem Vollkornbrot.

WENN ICH MORGENS LAUFE, WANN UND WAS SOLLTE ICH FRÜHSTÜCKEN?

Am Anfang solltest du bei einem Lauf am Morgen einen kleinen Snack einplanen. Direkt aus dem Bett in die Laufschuhe und los? Nicht jeder verträgt es, auf nüchternen Magen laufen zu gehen. Aus diesem Grund nehmen sich viele vor ihrem morgendlichen Training Zeit für einen kleinen Happen. Sie wissen, dass die Energiespeicher ihres Körpers nach dem Schlaf leer sind und aufgefüllt werden müssen. Eine halbe Banane oder ein Toastbrot mit Honig vor einem Lauf bewirken Wunder. Deine Beine sind fitter und trotz der frühen Stunde wirst du mehr Leistung bringen als mit leerem Magen. Zeit für ein ausgedehntes Frühstück hast du nach dem Lauf!

ICH LAUFE ABENDS: WAS MACHE ICH, WENN ICH SCHON VORHER HUNGER HABE?

Plagt dich kurz vor dem Lauf doch der kleine oder große Hunger, ist das Allzeitfuttermittel eine Banane. Bananen enthalten wichtige Vitamine und Kohlenhydrate, die dein Magen zügig verdauen und in Energie umwandeln kann. Die gleiche Wirkung haben auch Weiß- oder Toastbrot mit ein wenig Butter und Marmelade oder Honig sowie Haferflocken.

Diese Tipps sind übrigens auch super für das Frühstück vor einem Wettkampf, der morgens stattfindet, und natürlich für alle, die morgens Sport machen.

WAS KANN ICH NACH DEM LAUF ESSEN: ALL YOU CAN EAT ODER LIEBER SPARFLAMME?

Klar, könntest du dir den Bauch jetzt mit Kohlenhydraten vollhauen. Allerdings mindert das dein Wohlgefühl, das du dir eben erst erlaufen hast. Deswegen ist eher eine Eiweißquelle wie ein großer Salat mit Ei, Putenbrust oder Tofu zu empfehlen. Das Eiweiß kommt dem Muskelaufbau vor allem in den ersten 30 Minuten nach dem Training zugute. In Maßen kannst du auch Lebensmittel mit wertvollen Kohlenhydraten zu dir nehmen. Vor allem echte Vollkornprodukte in Form von Reis, Nudeln oder Brot sind sehr empfehlenswert.

Übrigens ist der Nachbrenneffekt insbesondere für Menschen, die ein paar Kilo verlieren wollen, sehr effektiv. Nutze die Zeit nach dem Lauf für eine vollwertige Mahlzeit, die nun viel schneller als im Normalfall verbrannt wird. Besonders gut ist der Nachbrenneffekt nach Tempoläufen oder einem Intervalltraining zu spüren.

Energietipp für hinterher: Versuche es mal mit etwas angebratener Zucchini, einem kleinen Stückchen Fisch oder, falls du nur wenig Zeit hast, einer Avocado.

WIE VIEL KANN ICH VOR EINEM LAUF TRINKEN?

Du solltest vor jedem Lauf etwas trinken. Übertreibe es nicht, aber gönne deinem Körper ausreichend Wasser, damit er beim Training Energie schöpfen kann. Flüssigkeit braucht 45 bis 90 Minuten, um ausgeschieden zu werden. Daher kannst du davon ausgehen, dass, wenn du 1 ½ Stunden vor dem Laufen besonders viel getrunken hast, es bis zum Start bereits verarbeitet wurde. Es gibt eine kleine Faustregel: An kühlen Tagen sollte ein halber Liter in den letzten zwei Stunden vorm Lauf reichen.

WAS KANN ICH VORHER TRINKEN UND WAS NICHT?

Folgende Getränke liefern dir besonders viel Power vor dem Training: magnesiumreiches Wasser, Fruchtsaftschorlen, ungezuckerte Obstsäfte, Gemüsesäfte oder auch Früchtetee.

Doch wie beim Essen gilt auch beim Trinken, dass du selbst herausfinden musst, welche Getränke dir vor dem Training guttun. Jeder Körper ist anders. Oft wird empfohlen, in den letzten Stunden vor dem Lauf auf Kaffee, Milch und Zitrusfrüchte zu verzichten. Viele Läuferinnen und Läufer aktivieren ihren Stoffwechsel allerdings mit einem kleinen Espresso morgens oder vor einem Rennen und steigern dadurch ihre Leistungsfähigkeit. Daher gilt: Probiere aus, mit was du am besten zurechtkommst.

LAUFEN IM SOMMER: WIE VIEL SOLLTE ICH TRINKEN?

Bekanntlich schwitzt du an heißen Tagen viel. Durch den starken Wasser- und Elektrolyteverlust kann das, wenn du nicht ausreichend trinkst, zu Dehydration führen. Dein Körper weist dann einen Wassermangel auf, worunter deine Konzentrations- und Leistungsfähigkeit leiden. Darum solltest du im Sommer auch während deiner längeren Läufe etwas trinken.

Du brauchst dir übrigens keine große Sorgen zu machen, dass du plötzlich beim Joggen aufs Klo rennen müsstest. Die meiste Flüssigkeit wird dein Körper über die Schweißdrüsen aussondern. Dein Körper braucht sie, um Schweiß überhaupt produzieren zu können.

Damit du nicht überhitzt und ausreichend gekühlt wirst, muss dein Körper beim Sport im Sommer extra viel Schweiß produzieren. Darum ist es auch wichtig, dass du auf langen Läufen oder an besonders heißen Tagen etwas zu trinken mitnimmst und regelmäßig Trinkpausen einlegst. So solltest du bei Läufen über 45 Minuten im besten Falle immer eine kleine Wasserflasche dabeihaben.

Viele Hersteller von Sportgetränken werben mit Produkten, die dich leistungsfähiger machen sollen. Doch ganz ehrlich: Vertraue dem guten alten Wasser und Fruchtsaftschorlen! Sie liefern dir alles, was du brauchst.

Ein Tipp für alle, die viel schwitzen oder auf längere Distanzen gehen:
Eine Prise Meersalz ins Wasser geben, um die verlorenen Elektrolyte wieder auszugleichen.

WIE VIEL SOLLTE ICH NACH DEM LAUFEN TRINKEN?

Nach dem Laufen solltest du auf jeden Fall etwas trinken. Richte dich bei der Menge nach deinem Durstgefühl. Im Sommer merkst du schnell, dass du jetzt Wasser brauchst. Schließlich hast du viel geschwitzt. In den kühleren Monaten vergessen viele das Trinken nach dem Laufen. Erinnere dich daran und trinke ausreichend, damit dein Körper das verlorene Wasser wieder ausgleichen kann.

Ein guter Indikator ist dabei übrigens dein Urin. Wenn du nach dem Laufen auf die Toilette gehst, kannst du anhand der Farbe sehen, ob du noch mehr trinken solltest. Je dunkler der Urin ist, desto konzentrierter ist er und desto mehr solltest du nachtrinken.

WIE WICHTIG IST DIE ERNÄHRUNG FÜRS LAUFEN IM ALLGEMEINEN?

Vielen ist gar nicht bewusst, wie wichtig die Ernährung für ihre sportlichen Aktivitäten ist. Schließlich erhöht die richtige Ernährung dein Leistungsvermögen. *Richtig* bedeutet *vollwertig*. Dein Körper benötigt Nährstoffe wie Vitamine, Kohlenhydrate, Fette, Proteine und Mineralien, die ihn mit der Energie versorgen, die er nicht nur für den Alltag, sondern nun auch für den Laufeinstieg benötigt. Dafür ist ein gesunder Mix aus Obst, Gemüse, Getreide, Nudeln, Brot, Milchprodukten, Eiern, Fisch, Fleisch, aber auch Nüssen, Fetten und pflanzlichen Ölen am besten. Auch mit einer ausgewogenen vegetarischen oder veganen Ernährung ist Laufen kein Problem.

Genauso wichtig wie die Frage nach dem Essen ist auch, wie viel du trinken solltest. Die Ernährungswissenschaft empfiehlt durchschnittlich 2,5 Liter am Tag, mindestens aber 1,5 Liter.

Mit dem Thema Ernährung könnten wir glatt ein weiteres Buch füllen. Wir wollten uns aber hier zunächst darauf konzentrieren, dir die Basics für die Phasen vor und nach dem Lauf mitzugeben. Im Anhang findest du unsere Empfehlungen zu Blogs und Büchern, die sich sehr ausführlich mit gesunder Ernährung befassen und die wir dir ans Herz legen können.

KLARTEXT: DIE SACHE MIT *dem Abnehmen*

An dieser Stelle möchten wir auf das Thema Abnehmen eingehen. Viele Menschen beginnen vordergründig mit dem Laufen, um schlanker zu werden. Nicht ganz zu Unrecht, denn Laufen kann auf lange Sicht tatsächlich dabei helfen, ein gesundes Leben zu führen und dadurch Gewicht zu verlieren.

Wenn du abnehmen willst, gibt es jedoch bessere und vor allem schnellere Wege als Kilometer zu sammeln. Krafttraining ist im Verhältnis zum Zeitaufwand sehr viel effizienter als Laufen, da sich dein Grundumsatz pro Kilogramm zusätzlicher Muskulatur um ca. 100 Kalorien erhöht. Somit verbrennst du mehr Kalorien, auch wenn du gerade keinen Sport treibst. Zudem hält der Nachbrenneffekt, also die gesteigerte Stoffwechselaktivität nach dem Training und somit der Kalorienverbrauch, beim Krafttraining bis zu 24 Stunden an, während es beim Laufen nur bis zu 2 Stunden sind.

Laufen unterstützt zwar dein allgemeines Wohlbefinden und den Abnehmprozess in einem gewissen Rahmen, aber allein damit ist das Abnehmen nicht getan. 80 Prozent deines Abnehmerfolgs gehen von dem aus, was du isst. Nur 20 Prozent macht der Sport aus. Das heißt also, dass du dich, wenn du abnehmen möchtest, vor allem mit deiner Ernährung beschäftigen solltest.

Um dich mit dieser ernüchternden Wahrheit nicht ganz auf dem Trockenen sitzen zu lassen, möchten wir dir nun ein paar handfeste Tipps zum Abnehmen geben, die leicht umsetzbar sind und viel bewirken können.

VERGISS DIE MODE: BLOSS KEINE CRASHDIÄT

Wie eben verkündet hängen 80 Prozent deines Abnehmerfolgs von einer überlegten Ernährungsweise ab. Kurzzeitige Diäten bringen dir nichts. Sobald du die Diät beendest, stellt sich der allseits unbeliebte Jo-Jo-Effekt ein. Du wirst ganz schnell wieder zunehmen. Sicher, die meisten wissen das – und fallen doch immer wieder auf die schicken Hochglanzmagazine herein, die das *sexy Abnehmwunder in nur 14 Tagen* versprechen. Mache dir bewusst, dass die Kombi aus Sport und gesunder Ernährung sehr viel effektiver und vor allem auch nachhaltiger für dich und deinen Körper ist, als 14 Tage lang nur Brühe zu löffeln.

MACHE DICH SCHLAU

Unwissenheit schützt vor Strafe nicht, lautet eine Volksweisheit. Bei der Ernährung verhält es sich ebenso. Wenn du deine Essweise umstellen und dauerhaft abnehmen möchtest, solltest du dich mit gesunder Ernährung auseinandersetzen. Finde heraus, warum Weißbrot dich nicht satt macht und warum Roggenvollkornbrot nahrhafter und gesünder ist. Sind Fette vielleicht nicht so schlecht, wie alle immer sagen? Und warum schwören alle gerade auf Avocados?

Mit dem richtigen Hintergrundwissen und dem Verständnis für das, was du isst, und aus welchem Grund du es isst, wird es schnell Klick bei dir machen. Eine Ernährungsumstellung wird dir damit sehr viel leichter fallen.

STELLE DEINE ERNÄHRUNG DAUERHAFT AUF BEWUSST UND GESUND UM

Hört sich einfacher an, als es ist. Das große Fragezeichen formt sich schnell: *Wie denn?* Beobachte mal eine Woche lang, was du isst. Führe ein kleines Tagebuch und notiere, was du gegessen und wie du dich davor und danach gefühlt hast.

Die zweite große Frage lautet: *Was ist eigentlich gesund?* Beginne, dich mit dem Thema intensiver auseinanderzusetzen, und mache dir bewusst, was gesunde Ernährung überhaupt bedeutet. Deine Ernährung ist ausschlaggebend für ein positives Körpergefühl. Dein Körper reagiert auf die Art von Energie, die du zu dir nimmst, und passt sich ihrer Form an. Wir wollen uns doch alle lieber wie knackfrisches Gemüse fühlen und nicht etwa wie ein labberiger Burger, oder?

Jeder findet seinen eigenen Weg, was für ihn gesunde Ernährung bedeutet, darum widmen wir uns der Ernährung auch nur in einem kurzen Kapitel. Wir möchten dein Bewusstsein für das Thema schärfen, denn gesund essen macht Spaß und öffnet ganz neue kulinarische Horizonte!

Erforsche mithilfe deines kleinen Ernährungstagebuchs, wie gesund dein Essen wirklich ist, und frage dich, was du wie ändern kannst. Oft hilft es schon, die Art der Zutaten zu ersetzen. Lass leere Kalorien aus Weißmehl, weißem Zucker oder Alkohol liegen und greife dafür lieber zu nährstoffreichen Produkten wie frischem Obst und Gemüse, Hülsenfrüchten und Vollkorn.

Beginne, ein Bewusstsein dafür zu entwickeln, was du zu welcher Uhrzeit und aus welcher Laune (Frust, Wut, Langeweile?) heraus zu dir nimmst. Mit diesen Erkenntnissen machst du einen großen ersten Schritt in Richtung gesunder Ernährung und kannst störende Muster in deinem Essverhalten gekonnt angehen.

Worauf du außerdem achten kannst, haben wir dir auf der nächsten Seite als Do's und Dont's für eine gesunde Ernährung zusammengefasst:

Do's AUF DEM WEG ZUR GESUNDEN ERNÄHRUNG

- ↑ Versuche, nur dann zu essen, wenn du wirklich Hunger hast
- ↑ Nimm dir Zeit für dein Essen und genieße jeden Bissen
- ↑ Vermeide Ablenkungen wie Fernsehen, Radio, Handy o.ä. beim Essen
- ↑ Koche viel selbst, am besten mit frischen, regionalen oder auch saisonalen Zutaten
- ↑ Iss viel frisches Obst und Gemüse
- ↑ Probiere neue leckere, gesunde Rezepte aus
- ↑ Sei vorbereitet und plane Mahlzeiten für deinen Alltag vor
- ↑ Gönne dir ein ausgewogenes und leckeres Frühstück – das ist die Grundlage für deinen kompletten Tag
- ↑ Iss Obst- und Gemüsesnacks statt Schokolade und Chips
- ↑ Trinke mindestens 1,5 Liter Wasser am Tag
- ↑ Bringe mehr Bewegung in deinen Alltag

Don'ts, UM DICH GESÜNDER ZU ERNÄHREN

- ↓ Hungern? Geht gar nicht! Dein Körper braucht Energie, um auf Touren zu bleiben
- ↓ Finger weg von Fertigprodukten, Fastfood und Co.
- ↓ Statt häufig Essen zu gehen oder den Lieferservice anzurufen, koche lieber mit Freunden zu Hause
- ↓ Verzichte auf kleine Snacks zwischendurch, wenn du gar keinen richtigen Hunger hast
- ↓ Lass Lebensmittel und Getränke weg, in denen sich vermehrt Industriezucker versteckt, wie Gewürzsalze, Gemüsebrühe, Fruchtsäfte, Limonade, Wurst, Käsezubereitungen oder Ähnliches
- ↓ Vermeide Konservierungsstoffe in deinem Essen
- ↓ Lass dich nicht von Besserwissern abbringen

VERÄNDERE DEINE ESS- UND SPORTGEWOHNHEITEN

Sport und gesunde Ernährung zu einem Teil deines Alltags zu machen geht natürlich nicht von heute auf morgen. Doch die kleinen Schritte zählen. Fange heute an und verschiebe nichts auf morgen (oder nächste Woche, oder auch nächsten Monat …).
Je öfter du dein Vorhaben verschiebst, desto unwahrscheinlicher wird es, dass du es tatsächlich angehst.

Starte mit nur einer Gewohnheit, die du drei Tage lang durchziehst, bevor du mit der nächsten beginnst. Bereite zum Beispiel dein Frühstück schon am Abend zuvor vor, benutze die Treppe statt des Fahrstuhls, radle mit dem Fahrrad zur Uni oder zur Arbeit und packe dir eine Box geschnippelter Möhrenstifte für den Heißhunger am Nachmittag ein. Sei kreativ und aktiv zugleich – und habe Spaß dabei!

HÖRE AUF, NACH AUSREDEN ZU SUCHEN

Ich bin müde!, *Jetzt lieber fernsehen!*, *Ach, so 'ne Pizza geht schneller!* … diese Gedanken kennen wir alle, wenn die Zeit knapp ist. Aber sage dir lieber *Nach der Laufrunde habe ich mir die Couch verdient!*, *Workout geht auch vorm TV!* oder *Ein Salat ist schneller geschnippelt, als eine Pizza zum Backen braucht!* Betrachte alles aus einer motivierenden Perspektive, dann klappt das Aufrappeln besser.

SETZE DIR REALISTISCHE ABNEHMZIELE

Klar, wer würde nicht gerne zehn Kilo in einem Monat abnehmen? Aber ist das realistisch? Natürlich nicht! Teile dein großes Ziel in kleine Meilensteine auf. Damit fühlt sich dein Vorhaben gleich viel machbarer an. Vergiss auch nicht, dir deine Teilerfolge bewusst zu machen und sie zu feiern.

Belohne dich nicht mit Essen, sondern mit einem frischen Strauß Blumen, einer neuen Laufhose oder einem Sonntag in der Therme.

HÖRE DEINEM KÖRPER BESSER ZU

Bei einer Ernährungsumstellung ist es am Anfang gar nicht so leicht herauszufinden, was der Körper eigentlich wirklich will. Meist sagt dein Kopf dir, was du möchtest, aber das ist nicht immer das Gleiche wie das, was der Körper braucht. Versuche, besser auf die kleinen Signale zu hören, und achte darauf, nicht mehr zu essen, als dein Körper benötigt.

SUCHE DIR GLEICHGESINNTE

Ein Grund, warum beispielsweise Unternehmen wie Weight Watchers so gut funktionieren, ist das Gemeinschaftsprinzip. Gemeinsam mit anderen lässt sich der innere Schweinehund viel besser überwinden. Also, suche dir Verbündete, egal, ob on- oder offline. Verabredet euch, tauscht euch aus, leidet, kämpft und feiert gemeinsam Erfolge.

ZWINGE DICH NICHT

Viele Menschen scheitern an Diäten oder Ernährungsumstellungen, weil sie denken, dass sie die Veränderung erzwingen müssten. So verbieten sie sich bestimmte Nahrungsmittel oder versuchen möglichst wenig zu essen. Das muss nicht sein! Du musst nicht komplett auf Eiscreme oder Schokolade verzichten, sondern darfst alles in Maßen genießen. Es darf ruhig mal ein Stück Torte bei Oma sein.

Häufig ist die Rede von sogenannten *Cheat Days*, also Schummeltagen, die einmal pro Woche stattfinden und an denen du alles essen darfst, was du dir den Rest der Woche verkniffen hast. Das Problem dabei ist, dass du am Cheat Day schnell das in der Woche erarbeitete Kaloriendefizit wieder zunichtemachst und den Abnehmerfolg somit behinderst.

Wir sind der Überzeugung, dass du keine kompletten Cheat Days brauchst. Dein Körper bekommt durch eine gesunde Ernährung alle wichtigen Nährstoffe, die er benötigt, was die Gefahr von Heißhungerattacken auf natürlichem Wege eindämmt. Dennoch ist es sinnvoll, Ausnahmen einzuplanen und ein bis zwei Cheat Meals, also lediglich Schummelmahlzeiten, in deine Woche mit einzuplanen. Dann musst du dir nichts verkneifen, was vor allem auch gut für deinen Kopf und deine Seele ist. Langfristig wirst du diese Ausnahmen immer seltener und irgendwann gar nicht mehr brauchen, da sich dein Körper an die neue Ernährung gewöhnt und du gesunde, leckere Alternativen entdecken wirst.

Nimm dir unsere Tipps zu Herzen und dein Körper wird auf gesunde Weise lernen, was er braucht und was nicht. Und wenn es einfach mal das Stück Torte sein muss, dann genieße es bewusst und in vollen Zügen.

WENN DU ABNEHMEN WILLST, TU ES FÜR DICH

Frage dich: *Warum willst du überhaupt abnehmen?* Diese Frage ist wichtig, denn du solltest dir klar darüber werden, warum die Pfunde purzeln sollen. Das hilft dir, deinen Plan einfacher in die Tat umzusetzen. Überlege, was dich aus deinem tiefsten Inneren heraus dazu antreibt. Vergiss dabei nie, für wen du das wirklich tust: für dich! Und für niemanden sonst.

Vielleicht gönnst du dir an diesem Punkt auch mal ein wenig Selbstliebe. Stelle dich vor einen Spiegel und betrachte dich aus einer neuen Perspektive: *Was magst du an deinem Körper? Deine strahlenden Augen? Dein süßes Lächeln? Deine Hände, deine langen Beine oder doch deinen knackigen Po?*

Mache dir bewusst, dass dein Körper und du keine Feinde seid. Im Hintergrund macht er ziemlich viel für dich, ohne dass du es überhaupt merkst. Denke dran, er wird dich auch noch ein Weilchen begleiten. Also sei lieb zu ihm, ihr seid schließlich ein Team.

VOR DEM LAUF:
Wärme dich auf!

Zu jedem Lauf gehört eine Aufwärmphase. Sie bringt deinen Stoffwechsel gerade früh am Morgen oder nach einem langen Arbeitstag in Schwung, durchblutet deine Muskulatur und sagt deinem Körper: *Hey, jetzt geht's los! Mache die Energieluken auf!*

Je höher die Belastung deiner Trainingseinheit ist (vor allem bei Intervall- oder Tempoläufen), desto wichtiger ist das Aufwärmen, da es dich vor Verletzungen schützt.

SEI SCHLAU UND WÄRME DICH VON ANFANG AN AUF

Zu Beginn deiner Laufkarriere werden sich die Belastungen noch in Grenzen halten, da du deinen Körper mit vielen Gehpausen erst Schritt für Schritt ans Joggen gewöhnst. Dennoch solltest du das Aufwärmen von Anfang an in deine Laufroutine mit einbauen, da es nicht nur deinen Körper, sondern auch deinen Kopf aufs Laufen vorbereitet. Auch wenn du nach den ersten Laufeinheiten das Gefühl hast *Oh Mann, ich habe noch vom letzten Training schwere Beine!* – Aufwärmen hilft auch hiergegen.

Drei bis fünf Minuten reichen vollkommen: Eine Runde zu deinem Lieblingslied durch die Wohnung tanzen oder ein paar Minuten Seilspringen bringen dich nicht nur schnell, sondern mit Spaß auf Zack!

Wichtig: Wenn du später mehr als 15 Minuten am Stück laufen kannst, solltest du die Aufwärmphase natürlich entsprechend verlängern und intensivieren. Baue dafür einfach die folgenden schwungvollen Übungen ein, bei denen du dich strategisch von oben nach unten aufwärmst. Du kannst mit Schulter- und Armkreisen anfangen, danach kreist du die Hüfte und Füße. Wir integrieren immer noch ein paar Rumpfbeugen und Ausfallschritte, um die Knie zu aktivieren. Dann kann es losgehen.

SO WÄRMST DU DICH RICHTIG AUF

Starte mit Gehen und steigere dich zu einem langsamen Laufen. Es muss sich zunächst *zu langsam* anfühlen. Anschließend kannst du in dein entsprechendes Lauftempo wechseln und mit dem richtigen Lauftraining starten.

UNSERE ACHT LIEBLINGS-AUFWÄRMÜBUNGEN

◷ Wiederhole jede Übung mindestens 10 Mal.

Schulterkreisen

Stelle dich hüftbreit hin und beginne mit dem ausgestreckten rechten Arm große Kreise von hinten nach vorne zu ziehen. Versuche dabei möglichst weit nach hinten zu kommen und den Arm vor dir gerade herabzulassen.

Wechsle die Richtung nach 10 Wiederholungen und kreise anschließend noch den linken Arm.

Hüftkreisen

Stelle dich aufrecht hin, die Füße stehen dabei hüftbreit. Nimm nun die Hände an die Hüfte und kreise deine Hüfte so, als würdest du einen Kreis mit der Hüfte um dich malen wollen.

Nach 10 Wiederholungen, wechsle die Richtung.

Fusskreisen

Deine Füße stehen nah beieinander. Winkle nun das rechte Knie an, sodass dein rechter Fuß 10 bis 20 cm vom Boden entfernt ist, und beginne, das Fußgelenk im Uhrzeigersinn zu kreisen.

Wechsle die Richtung nach 10 Wiederholungen, und kreise anschließend den linken Fuß.

Stechschritt

Du stehst aufrecht. Schwinge dein linkes Bein im Stechschritt bis zur Hüfte hoch. Achte dabei darauf, dass dein Bein gestreckt bleibt. Gleichzeitig hebst du den rechten Arm so an, als ob du den linken Fuß berühren wolltest.

Grätsche

Stelle dich mit breit gegrätschten Beinen hin. Winkle dein rechtes Knie an und verlagere dein Gewicht auf das rechte Bein. Beuge deinen Oberkörper mit geradem Rücken vor und berühre jetzt mit der linken Hand den rechten Fuß. Wenn du nicht bis zum Boden kommst, nur das rechte Schienbein.

Komme zurück in die Ausgangsposition und führe die gleiche Übung auf der anderen Seite aus.

Dynamische Standwaage

Du stehst auf dem rechten Bein und beugst deinen Oberkörper mit möglichst geradem Rücken nach vorn, bis du mit der linken Hand den Boden berühren kannst. Das linke Bein führst du langsam nach hinten. Komme zurück in den Stand.

Wiederhole die Übung mit dem anderen Bein.

Rumpfbeuge

Gehe in die Grätsche, deine Zehen zeigen nach vorn, deine Knie sind dabei durchgestreckt. Greife nun mit der rechten Hand zum linken Fuß.

Komme zurück in die Ausgangsposition und wiederhole die Übung auf der anderen Seite.

Ausfallschritt

Stelle dich aufrecht hin, die Füße hüftbreit nebeneinander. Hebe die Arme in die Luft und führe das rechte Bein in einem weiten, tiefen Ausfallschritt nach hinten. Hole das Bein zurück in die Ausgangsposition.

Wiederhole die Übung mit dem anderen Bein.

NUN IST ES ENDLICH SO WEIT: *Laufe los!*

Wie sollst du nun mit dem Laufen anfangen? Nimm es dir bitte zu Herzen, wenn wir dir sagen: Langsam, sehr langsam!

Ein Fehler, den viele immer wieder machen, ist es, zu schnell zu viel erreichen zu wollen. Wenn du mit dem Laufen anfangen willst, dann starte nicht bei 100 Prozent und auch nicht bei 50 Prozent oder 10 Prozent. Beginne bei 0 Prozent und gib deinem Körper ausreichend Zeit, sich an die neuen Herausforderungen zu gewöhnen.

Lass dich nicht von deinem Umfeld stressen oder gar zum Konkurrenzdenken verleiten. Es ist egal, dass dein Kumpel nach zwei Wochen schon fünf Kilometer joggen kann. Es geht beim Laufen nicht darum, irgendwem etwas zu beweisen. Versuche, dich in deinem eigenen Tempo langsam zu steigern; denn du möchtest ja nicht übermorgen gleich wieder aufhören.

DU LÄUFST FÜR DICH UND ZWAR NUR FÜR DICH

Wenn du lediglich eine Minute am Stück joggen kannst, dann ist das vollkommen in Ordnung. Das ist sogar prima! Fange langsam an. Jogge eine Minute und gehe zwei Minuten, dann jogge wieder eine Minute und gehe zwei Minuten. Wenn du das 15 Minuten am Stück schaffst: Klasse! Wenn du es fünf Minuten schaffst: genauso super!

Höre auf deinen Körper und finde deinen Rhythmus fürs Laufen. Vergiss nicht, tief durchzuatmen, und jogge mit jedem Lauf ein bisschen länger. Steigere dich einfach ganz langsam und kontinuierlich.

DIE SACHE MIT DER ZEIT

Neben Distanz ist *Zeit* wohl das wichtigste Thema beim Laufen. Ständig geht es um Tempo und Bestzeiten – im Idealfall ist diese natürlich sehr gering.

Einige erfahrene Läuferinnen und Läufer schmeißen mit ihren Zeiten um sich, vergleichen und übertrumpfen sich gegenseitig und schüchtern so andere, die noch ganz am Anfang stehen oder erst seit Kurzem dabei sind, ein. 10 Kilometer in 45 Minuten? Wie sollst du da motiviert bleiben, wenn du noch nicht mal 10 Minuten am Stück durchlaufen kannst? Wenn dir jemand aus dieser Kategorie begegnet, schalte auf Durchzug. Das ist das Beste, was du tun kannst.

Beim Laufeinstieg geht es nicht darum, besonders schnell (also mit einer besonders

guten Zeit) eine Distanz zu meistern, sondern das Laufen an sich zu lernen. Das heißt, zu lernen, fünf, 10 oder 20 Minuten durchgängig zu joggen. Die zurückgelegte Distanz, sprich die Kilometerzahl, ist vorerst Nebensache. Es geht darum, sich an den Bewegungsablauf zu gewöhnen und den Gliedern langsam mehr und mehr zuzumuten.

Nimm dir die Zeit, um dich mit dem Laufen auseinanderzusetzen, so, wie du es hier gerade mit diesem Buch tust; um dir das nötige Know-how anzueignen und dich von Laufeinheit zu Laufeinheit ein wenig mehr zu trauen. Mache das Laufen zur Gewohnheit.

Laufen heißt aber auch Geduld lernen. Geduld mit deinem Körper und vor allem mit deinem Kopf. Natürlich könntest du bereits bei deinem ersten Lauf eine Stunde durchpowern, aber wirst du beim nächsten Mal noch so motiviert sein? Vermutlich nicht. Um das zu verhindern, zeigen wir dir auf den nächsten Seiten, worauf du bei deinen ersten Läufen achten solltest, um motiviert zu bleiben und Spaß zu bekommen.

DIE GESCHWINDIGKEIT

Zwangsläufig ergibt sich die Geschwindigkeit aus der Zeit. Diese sollte für dich am Anfang jedoch erst einmal keine übergeordnete Rolle spielen. Solltest du in einer Laufgruppe unterwegs sein, ist es sehr wichtig, sich nicht zu sehr mitreißen zu lassen. Versuche, deinem eigenen Tempo treu zu bleiben, auch wenn das gerade in einer Gruppe nicht immer einfach ist. Wenn man mit anderen zusammen läuft, möchte man natürlich nur ungern das Schlusslicht sein. Versuche, diese Gedanken abzuschütteln und dich locker zu machen – du stehst schließlich noch ganz am Anfang. Falls dennoch jemand einen blöden Kommentar bringen sollte, kannst du ihn an seine eigenen Laufanfänge erinnern und dass er ebenfalls mal an deiner Stelle war. Auch die erfolgreichsten Läufer dieser Welt haben mal klein angefangen.

Ein Tipp: Du weißt, dass du in der für dich richtigen Geschwindigkeit läufst, wenn du nebenbei noch entspannt quatschen kannst. Fehlt dir jedoch die Puste zum Reden, ist das auch für die Leute, mit denen du unterwegs bist, ein eindeutiges Zeichen, dass das aktuelle Tempo zu hoch für dich ist. Wenn du mit einer coolen Truppe unterwegs bist, werden sie darauf Rücksicht nehmen und einen Gang runterschalten.

Deswegen ist es uns besonders wichtig, dass wir dich mit diesem Buch langsam an das Laufen heranführen. Langfristig gesehen ist es viel motivierender, mit kurzen Distanzen anzufangen und sich mit der Zeit zu steigern, als direkt mit dem ersten Lauf viele Kilometer viel zu schnell runterzurocken. Anschließend ist man meist überfordert, weil man bei der nächsten Einheit noch länger oder schneller laufen müsste, obwohl der letzte Lauf bereits zu viel für den Körper war.

In den Trainingsplänen konzentrieren wir uns zu Beginn auf die Zeit, aber im konstruktiven Sinne: *Je mehr*, desto besser und nicht je weniger, desto besser.

DIE ATMUNG

Last but not least: die Laufatmung. Beim Atmen gibt es keine festen Regeln. Gerade bei deinen ersten Läufen solltest du dich nicht zu sehr auf das Atmen konzentrieren, sondern es einfach geschehen lassen. Wenn du dich dabei nicht zu sehr verkrampfst, wird sich dein Atem wie von selbst an deinen Laufrhythmus anpassen. Versuche, nicht krampfhaft durch die Nase oder den Mund zu atmen. Schaue erst mal, was dein Körper will, und dass du ausreichend Luft bekommst. Hier spielt natürlich auch die Geschwindigkeit eine wichtige Rolle: Anhand deiner Atmung merkst du, ob du zu schnell bist.

Atme beim Laufen durch die Nase ein. Das ist ein Tipp, den du vermutlich nach einiger Zeit beim Laufen wie von allein umsetzen wirst. In der Nase wird die eingeatmete Luft erwärmt, gereinigt und gefiltert (wichtig bei Pollen). Gerade an kälteren Tagen mit geringer Luftfeuchtigkeit kann das Einatmen durch den Mund deine Schleimhäute im Hals austrocknen und dich anfälliger für Infekte machen.

Fassen wir zusammen: Wenn du dich während des Laufens noch locker unterhalten kannst (sei es mit einem Laufpartner oder mit dir selbst) und das, ohne dabei Atemnot und Seitenstechen zu bekommen, läufst du im richtigen Tempo mit dem passenden Atemrhythmus.

NUN LIEGT ES
GANZ ALLEIN AN DIR.

REIN IN DIE
Laufschuhe
UND
*raus
mit dir!*

NACH DEM LAUF: Mache dich locker!

Über Stretching (auf Deutsch: Dehnen) wird beim Laufen viel diskutiert. Das eine Lager ist der festen Überzeugung, dass Stretching völlige Zeitverschwendung ist, während das andere Lager auf den positiven Auswirkungen des Dehnens beharrt und es für unumgänglich hält.

Bei Sportveranstaltungen kannst du oft beobachten, wie sich Leistungssportler vor ihrem großen Wettkampf gründlich aufwärmen und dehnen. Doch welchen Vorteil haben Hobbysportler davon?

Eins vorweg: Beim Stretching kommt es vor allem darauf an, die Übungen sauber auszuführen. Es ist sehr viel wahrscheinlicher, dir eine Verletzung durch übermäßiges oder ungenaues Dehnen zuzuziehen, als wenn du dich unzureichend aufwärmst. Deswegen bitten wir dich, die Übungsbeschreibungen auf den kommenden Seiten sehr aufmerksam zu lesen, und auch während du die Übungen durchführst immer genau auf deinen Körper zu hören, wie weit er an diesem Tag gehen möchte.

Wir beide sind der Meinung, dass Stretching zu deinem Lauftraining dazugehören sollte. Nach jahrelanger Lauf- und Dehnerfahrung ist es für uns unverzichtbar geworden und deswegen geben wir dir auf den folgenden Seiten eine Dehnroutine mit auf den Weg, die du ganz oder teilweise bei deinem Lauf einbauen kannst. Bevor wir dir unsere besten Übungen zeigen, möchten wir aber noch einige Gründe anführen, warum du dich dehnen solltest.

WOFÜR IST STRETCHING GUT?

Vor dem Lauf, direkt nach dem Aufwärmen:
Dein Körper erhält mit deiner Stretchingeinheit das Signal, dass du dich zum Training bereit machst, und stellt sich auf die bevorstehende Belastung ein. Es löst Muskelverspannungen und lockert verkürzte Muskeln. Durch das Dehnen wird in deinen Muskeln der Stoffwechsel angeregt und sie werden besser durchblutet, was dich bei deinem bevorstehenden Lauf unterstützen kann. Du wirst außerdem beweglicher und verbesserst deine koordinative Leistungsfähigkeit.

Nach dem Lauf:
Ein Großteil der eben vorgestellten Vorteile lässt sich natürlich auch auf das Dehnen nach dem Lauf übertragen. Außerdem entspannst du deine von der Belastung angespannten Muskeln und hilfst ihnen aktiv bei der Regeneration. Entspannte Muskeln

erholen sich rascher und sind damit auch schneller wieder belastungsfähig.

WANN SOLLTEST DU DICH DEHNEN?

Wir überlassen dir an dieser Stelle die Entscheidung, ob du dich vor oder nach dem Lauf dehnst, denn dies ist definitiv Typsache und von Person zu Person unterschiedlich. Wenn du dich fürs Dehnen vorm Laufen entscheidest, solltest du dich auf jeden Fall vorher sehr gut aufwärmen, um Verletzungen zu vermeiden. Für uns beide, zum Beispiel, gehört das Stretching zum Runterkommen nach dem Lauf, um die von der Anstrengung angespannten Muskeln zu lockern.

Welche Option für dich infrage kommt, kannst du herausfinden, indem du beides einfach mal mehrfach ausprobierst. Nach einiger Zeit wirst du spüren, womit du dich persönlich besser fühlst.

Im fortgeschrittenen Lauftraining kann es sein, dass du für verschiedene Arten von Läufen (zum Beispiel Intervalltraining oder lange Läufe) auch verschiedene Stretching-Strategien entwickelst – so kann es sich bei einem sehr langen Lauf besser anfühlen, wenn du dich vorher dehnst, und bei einem kurzen, knackigen Sprinttraining, wenn du es danach machst.

STATISCHES ODER DYNAMISCHES DEHNEN?

Beim statischen Dehnen sinkst du langsam in eine Position hinein, bis ein Dehnungsreiz spürbar ist, und hältst diese Position für mindestens 10 Sekunden.

Im Gegensatz dazu wird beim dynamischen Dehnen die Übung mit einem sanften Wippen in der Dehnposition ausgeführt. Dabei kann es jedoch schon mal passieren, dass du die Übung nicht wirklich sauber ausführst. Fürs Dehnen vor und nach dem Laufen empfehlen wir daher die zuvor genannte statische Methode.

VOR DEN DEHNÜBUNGEN ZU BEACHTEN

Wenn du dich vor einem Lauf dehnen möchtest, vergiss niemals dich zuvor ordentlich aufzuwärmen. Es reichen schon fünf bis 10 Minuten lockeres Einlaufen, eine Runde zu deinem Lieblingslied durch die Wohnung oder bereits draußen tanzen oder zwei bis fünf Minuten Seilspringen. Das ist besonders wichtig, da du nie einen kalten Muskel dehnen solltest, weil das Verletzungsrisiko dabei immens hoch ist.

10 bis 20 Sekunden solltest du die Dehnung halten, damit sie effektiv wirkt. Starte erst einmal mit etwas weniger Sekunden und steigere dich einfach von Mal zu Mal. Höre aber bitte auf, wenn es wehtut. Eine Dehnung soll deine Muskeln lockern und nicht verletzen. Zudem ist es wichtig, dass du dich auch nicht überdehnst, sodass es schmerzhaft wird, sondern eine für dich angenehme Spannung hältst.

SO DEHNST DU RICHTIG

Auf der folgenden Doppelseite findest du unsere acht Lieblings-Dehnübungen. Die Namen sind nicht die offiziellen Bezeichnungen der Übungen. Wir dachten uns bei unseren Dehneinheiten nur immer wieder, dass diese Namen doch viel besser passen würden. Mit diesem kleinen Augenzwinkern kannst du sie dir auch gleich besser merken.

Wähle aus den Übungen mindestens vier aus (jeweils zwei für die Beine und zwei für die Arme), die du in deine Stretchingeinheit einbaust. Beherzige bei der Ausführung unsere vorangegangenen Tipps.

UNSERE ACHT LIEBLINGS-DEHNÜBUNGEN

◷ Halte jede Übung 10 bis 20 Sekunden pro Seite.

Boxer

Stelle dich hüftbreit hin und lege die rechte Hand auf die linke Schulter. Der Arm sollte dabei im rechten Winkel zum Boden stehen. Nun drücke deinen Ellenbogen mit der linken Hand nach hinten, bis du eine Dehnung verspürst.

Dehnt Rückenmuskulatur und Wirbelsäule.

Drehwurm

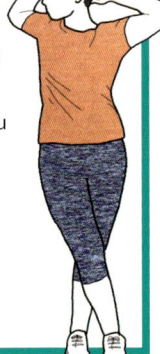

Stelle den rechten Fuß vor den linken, verschränke deine Hände im Nacken und drehe deinen Oberkörper vorsichtig nach rechts, bis du eine Dehnung im Rücken spürst.

Dehnt Rückenmuskulatur und Wirbelsäule.

Achselblitzer

Stelle dich hüftbreit hin und strecke den rechten Arm gerade über deinem Kopf aus. Winkle den Arm nun so an, dass deine Hand in deinem Nacken liegt. Strecke den linken Arm über den Kopf und lege dann deine Hand auf den rechten Ellenbogen. Schiebe ihn mit der Hand anschließend vorsichtig gen Boden, bis du einen Dehnreiz spürst.

Dehnt Arme und Schultern.

Strecker

Stelle dich hüftbreit hin und strecke den rechten Arm gerade über deinem Kopf aus. Greife nun mit der linken Hand dein rechtes Handgelenk und ziehe sanft deinen Oberkörper nach links, bis du einen Dehnreiz in der rechten Seite spürst. Achte darauf, dass deine Hüfte dabei nicht nach rechts ausweicht, sondern zentriert bleibt.

Dehnt den seitlichen Oberkörper, Arme und Schultern.

Yoga-Sitz

Setze dich auf den Boden und strecke beide Beine aus. Winkle das linke Bein an und setze es über dein rechtes Knie. Drehe deinen Oberkörper nach links, setze den linken Arm hinter dir ab und ziehe mit dem rechten Ellenbogen das linke Knie nach rechts.

Dehnt die Außenseite der Oberschenkel.

Balanceakt

Stelle dich hüftbreit hin. Nun winkle dein Bein an, sodass dein Fuß deinen Po berührt, greife ihn mit der Hand der gleichen Seite und ziehe ihn Richtung Po. Schiebe die Hüfte nach vorne, bis du eine Dehnung im Oberschenkel verspürst.

Dehnt vorderen Oberschenkel und Hüfte.

Zehenzug

Positioniere dich mit etwa einer Fußlänge Abstand vor eine Treppenstufe oder einen Pfeiler. Stelle deinen linken Fuß etwas nach vorne, sodass deine Zehen die Fläche berühren, während deine Ferse am Boden bleibt. Strecke nun beide Beine durch und bewege deinen Oberkörper langsam nach vorne, bis du eine Dehnung in deiner Wade spürst. Deine Hüfte bleibt parallel zu der Fläche.

Dehnt die Waden.

Ausfallschritt

Mache einen Ausfallschritt und drehe den hinteren Fuß im 90°-Winkel zum vorderen. Verlagere dein Gewicht auf das vordere Bein, sodass dein Knie direkt über den Zehen steht. Strecke das hintere Bein durch, bis du die Dehnung in der Oberschenkelinnenseite spürst. Deine Hände kannst du auf dem vorderen Bein abstützen.

Dehnt die Innenseite des Beins.

WARUM *Regeneration* SO WICHTIG IST

Eine Sache, die beim Laufen dauerhaft wichtig ist: das Thema Regeneration. In den letzten Kapiteln haben wir es schon oft betont: Gönne deinem Körper regelmäßige Ruhepausen. Gerade zu Beginn kann die Motivation so hoch sein, dass du schnell übers Ziel hinausschießt.

WER LÄUFT, ENTSPANNT AUCH MAL

Dabei geht es nicht nur um dich und deinen Kopf, sondern vor allem darum, deinen Körper zu schonen. Regeneration bedeutet Entspannung, Genesung und Gesundung. Regelmäßige Ruhephasen fördern die Wiederherstellung deiner Kräfte nach dem Training. Regeneration steigert auch das Leistungsvermögen. Klingt komisch, ist aber so!

In der Fachliteratur gibt es hierfür das Prinzip der *Überkompensation* (auch *Superkompensation* genannt), das Sportlern dabei hilft, ausdauernder und schneller zu werden. Deine Muskeln, dein Bindegewebe und deine Knochen benötigen die Pausen zwischen den Trainingseinheiten, um sich zu erholen und gewissermaßen selbst von der Belastung zu reparieren. Das senkt das Verletzungsrisiko und sorgt auch dafür, dass deine Leistungsfähigkeit nicht einbricht, sondern du sie über das vorherige Niveau steigern kannst.

Mit dieser Erklärung ist es absolut plausibel, warum du am Anfang nicht jeden Tag laufen gehen solltest. Regenerationsphasen können natürlich individuell ganz unterschiedlich lang sein und hängen auch von der Intensität des Trainings ab. Wenn in deinem Trainingsplan Pausen vorgegeben sind, dann halte sie ein. Dein Körper und auch deine Leistung werden es dir danken. Zum Austoben bleiben dir immer noch Krafttraining und Ausgleichssport.

BELOHNE KÖRPER UND GEIST FÜR IHRE LEISTUNGEN

Darüber hinaus kannst du dir zwischendurch mal einen Saunagang oder einen Spa-Besuch zur Erholung gönnen. Solche Aktivitäten sollten Teil deines Trainings sein. So kannst du Körper und Geist gleichermaßen etwas Gutes tun und dich auf deine Ziele vorbereiten.

FRAGEN UND ANTWORTEN RUND UM
die ersten Läufe

LAUFEN MIT ÜBERGEWICHT: WIE GEHE ICH DEN LAUFEINSTIEG RICHTIG AN?

Laufen mit Übergewicht geht nicht? Klar doch! Mandy hat Übergewicht und strahlt beim Laufen meist über beide Wangen. Warum? Weil sie Spaß hat!

Wenn du ein wenig mehr auf den Rippen hast und mit dem Laufen anfangen möchtest, empfehlen wir dir, besonders viel Rücksicht auf dich und deinen Körper zu nehmen. Wenn du merkst, dass die Laufbewegungen zu anstrengend für dich und deine Gelenke sind, dann versuche es erst mal mit schnellem Gehen oder Walking. Das ist nicht schlimm, sondern vor allem umsichtig. Gerade bei Übergewichtigen ist die maximale Stoßbelastung, die beim Laufen auf Fuß und Bewegungsapparat ausgeübt wird, doppelt bis drei Mal so groß wie beim Gehen. Bedenke das beim Laufeinstieg. Du kannst immer noch vom Walking ins Laufen wechseln.

WAS TUN BEI SEITENSTECHEN?

Seitenstechen ist eines der typischen Probleme bei Laufanfängern. Wie es genau entsteht, ist von Wissenschaftlern und Medizinern nicht ganz geklärt. Es wird vermutet, dass das Phänomen bei Laufanfängern häufiger auftritt, weil sie *krumm* laufen. Achte daher beim Laufen auf eine möglichst gerade Haltung. Mehr dazu im Kapitel zum Laufstil.

Wenn du mitten im Training von Seitenstechen ereilt wirst, drossle dein Tempo und versuche mit tiefem Ein- und Ausatmen gegen das Stechen anzukommen. Oder nutze diese Übung: Hebe die Arme beim Einatmen. Beim Ausatmen senkst du die Arme wieder und beugst dich mit dem Oberkörper vor. Wiederhole die Bewegungen, bis das Seitenstechen verschwindet.

WAS TUN BEI BLASEN?

Blasen entstehen, wenn die Haut ständiger Reibung ausgesetzt ist. Meist ist das beim Laufen an den Füßen der Fall, beispielsweise durch ungeeignete Socken oder zu feste Schuhe. Je nach Laufintensität sind Blasen größer oder kleiner, in jedem Fall aber schmerzhaft und unangenehm.

Viele empfehlen, dass du eine Blase nicht aufstechen, sondern sie lieber mit Wasser säubern und mit einem Blasenpflaster bedecken sollst. Für Mandy hat sich das Gegenteil bewährt. Sie sticht eine Blase meist auf, lässt die Flüssigkeit ab und die Wunde über Nacht trocknen. Am nächsten Morgen klebt sie ein Blasenpflaster auf und hat danach selten noch Probleme.

Um Blasen vorzubeugen, empfehlen sich die richtigen Laufschuhe und doppellagige Socken, die die Reibung vermeiden.

WAS TUN BEI MUSKELKATER?

Muskelkater schleicht sich meist in den ersten 24 bis 72 Stunden nach dem Training ein, vor allem nach einer besonders intensiven Trainingseinheit.

Gegen Muskelkater gibt es kein Wundermittel. Ein Warm-up vor dem Laufen und oft auch das Dehnen danach können den Muskelkater abmildern. Auch die Arbeit mit der Faszienrolle nach dem Training kann helfen.

Ist der Muskelkater erst mal da, helfen wohlige Wärme, zum Beispiel durch ein warmes Bad oder einen Saunagang. Aber auch leichtes Training und sanftes Dehnen können dem unangenehmen Schmerz entgegenwirken.

WAS TUN BEI SCHEUERSTELLEN?

Wunde Stellen treten vermehrt im Sommer auf. Durch ständige Reibung deiner Laufkleidung auf der Haut, läufst du dir schnell *einen Wolf*. Um das zu vermeiden, solltest du möglichst keine locker sitzende Baumwollkleidung, sondern eng anliegende Laufkleidung aus Synthetikmaterial tragen.

Solltest du dir eine Scheuerstelle laufen, wasche sie mit warmem Wasser und versuche, sie an der Luft zu trocknen. Danach am besten mit einer Wundsalbe versorgen.

WAS TUN BEI KRÄMPFEN?

Krämpfe treten auf, wenn die Muskeln, beispielsweise nach einem langen Lauf, schon müde sind. Auch Dehydrierung, übermäßiger Verlust von Körpersalzen oder fehlendes Salz, Kalium und/oder Magnesium führen zu Krämpfen. Durch Dehnen und Massieren der betroffenen Stelle kannst du den Krampf schnell wieder lösen.

MICH HAT DAS LAUFFIEBER GEPACKT – DARF ICH JETZT JEDEN TAG LAUFEN?

Gratulation, du bist im *Laufrausch*? Genieße das geile Gefühl, aber bitte übertreibe es nicht. Klar, du siehst erste Ergebnisse und merkst, dass sich das Laufen immer beschwingter und einfacher anfühlt. Viele Anfänger wollen diesen Zustand so lange wie möglich ausreizen und das Hochgefühl am besten Tag für Tag wiederholen. Doch sogenanntes Übertraining kann dazu führen, dass dein Leistungsniveau sinkt oder gar stagniert. Dein Körper kommt gar nicht mit der Anpassung hinterher – schwups, macht's keinen Spaß mehr und du bist demotiviert, im schlimmsten Fall verletzt du dich. Darum: Halte dich an die Trainings- und Ruhetage!

ICH HABE SCHNUPFEN, GRIPPE ODER FIEBER – SOLLTE ICH LAUFEN?

Für Erkältungen und andere Erkrankungen gilt immer: *Gesundheit geht vor!* Wenn du krank bist, bist du krank. Das ist dann auch keine *doofe Ausrede*. Schone deinen Körper in diesem Fall, und gönne ihm eine Auszeit und die nötige Ruhe, sich wieder vollständig zu erholen. Verschleppte Infektionen können zu Herzmuskelstörungen oder schlimmeren Krankheiten führen.

SOLLTE ICH AUF DEM LAUFBAND LAUFEN ODER IN DER FREIEN NATUR?

Gerade bei schlechtem Wetter und kühlen Temperaturen scheint das Laufband eine verlockende Alternative zum Laufen in Regen und Kälte zu sein. Generell ist es auch durchaus eine gute Lösung ins Fitnessstudio zu gehen, statt ganz auf die Laufeinheit zu verzichten. Wenn du normalerweise eher in der Natur läufst, wird sich das Laufen auf dem Laufband erst einmal sehr seltsam anfühlen. Die Laufdynamik ist eine ganz andere, und das Laufband federt im Gegensatz zum Untergrund draußen mit. So viel zu den positiven Seiten des Trainings drinnen. Der negative Aspekt ist, dass das Laufband häufig als sehr monoton empfunden wird, da du wortwörtlich auf der Stelle trittst, sich die Landschaft und die Sinneseindrücke um dich herum nicht ändern.

Draußen zu laufen, insbesondere in der Natur wie zum Beispiel im Wald, hat den Vorteil, dass du frische Luft tankst, auf unterschiedlichen Untergründen, bergauf und bergab läufst und dein Körper lernt, eine Geschwindigkeit konstant durchzuhalten. An Schlechtwettertagen kann man daher das Training schon mal aufs Laufband verlegen, aber du wirst schnell merken, dass es draußen, mit der richtigen Ausrüstung (ab Seite 80) einfach viel mehr Spaß macht.

SCHADET ES DEN GELENKEN, AUF ASPHALT ZU LAUFEN?

Die gut gedämpften Laufschuhe, die man heute erhält, sind perfekt auf das Laufen auf Asphalt abgestimmt. Es gibt Laufschuhe, die weniger Dämpfung haben, diese sind jedoch auf andere Laufarten (wie Sprints) und weichere Untergründe ausgelegt. Bei deinem ersten Laufschuh wird es sich mit hoher Wahrscheinlichkeit um ein gedämpfteres Modell handeln, mit dem du dir keinerlei Sorgen um deine Gelenke machen musst.

WIE SCHAFFE ICH NACH DER PAUSE DEN WIEDEREINSTIEG?

Wenn du aufgrund einer Krankheit oder einer Verletzung eine ungeplante Pause beim Laufen einlegen musstest, wenn du also mehrere Wochen oder im schlimmsten Falle sogar Monate außer Gefecht gesetzt warst, steige bitte nicht dort in den Trainingsplan ein, wo du aufgehört hast. Probiere auch nicht aus, wie lange du nun ohne Unterbrechung laufen kannst. Starte einfach mit einem unserer Trainingspläne von vorne.
Du wirst schnell merken, ob es noch zu viel für deinen Körper ist oder ob du ihm vielleicht bereits etwas mehr zutrauen darfst und kannst deinen Trainingsumfang dementsprechend anpassen.

LAUFEN IST
LANGWEILIG.

LAUFEN MACHT
KEINEN SPASS.

LAUFEN IST
ANSTRENGEND.

ES WIRD NICHT *leichter,* ABER DU WIRST *besser!*

Kapitel 4

Ausrüstung

Jogginghose

ÜBERGESTREIFT ...

... altes Sportshirt angezogen und in die verstaubten Turnschuhe geschlüpft – genau so sahen auch unsere ersten Laufoutfits aus. Nichts mit Funktionskleidung, Merinowolle und Hyperultralaufschuh. All den Schnickschnack brauchst du zum Start gar nicht. Schließlich geht es erst mal darum, dass du während deiner ersten Läufe überhaupt die Lust und Leidenschaft für den Sport entdeckst.

Stell dir nur mal vor, du kleidest dich einmal komplett wie die Profis ein. Du würdest ein halbes Vermögen ausgeben und nach fünf Wochen stellst du vielleicht fest, dass Laufen gar nicht dein Ding ist. Oder dein Arzt empfiehlt aufgrund von Vorerkrankungen, dass du lieber eine andere Sportart ausüben solltest. Dann hättest du ein schönes Sümmchen zum Fenster rausgeworfen.

Darum raten wir dir, fürs Erste in den Sachen loszulaufen, die sowieso in deinem Schrank hängen. Die Klamotten für den Laufanfang müssen bequem sein und du solltest dich wohlfühlen.

Stellst du dann fest *Yea, Laufen ist genau mein Ding!* kannst du nach und nach die Sportabteilung deines Kleiderschranks erweitern; langfristig sind die richtigen Klamotten nämlich sehr entscheidend für dein Training. Angefangen bei dem Wichtigsten: dem für dich passenden Laufschuh.

Alles, was du über die richtige Ausrüstung fürs Laufen wissen musst, erfährst du in diesem Kapitel.

DAS SOLLTEST DU VOR DEINEM ERSTEN *Laufschuhkauf* WISSEN

Bei anderen Sportarten ist es der Tennisschläger, der Fußball oder das Rennrad. Das wichtigste Tool beim Laufen werden deine Laufschuhe sein. Selbst wenn du es dir jetzt noch nicht vorstellen kannst, mit ihnen wirst du Hunderte von Kilometern zurücklegen. Sie entscheiden maßgeblich mit, wie schnell du vorankommst und wie wohl sich deine Füße und Beine bei dieser für dich neuen Sportart fühlen. Damit ist die Auswahl des richtigen Laufschuhs unerlässlich. Er arbeitet für dich mit, indem er den Aufprall dämpft, deine Bewegungen stabilisiert und das Abrollen so weit wie möglich erleichtert.

Aber wie findest du den richtigen Laufschuh? Eins vorweg: Gut gemeinte Markentipps von Freunden oder aus der Werbung bringen dir wenig. Dein Körper, deine Füße und dein Laufverhalten entscheiden, welcher Schuh der richtige sein wird.

Fachbegriffe wie Pronation, Carbonrücken oder Dämpfungsschuh werden zu Beginn große Fragezeichen aufwerfen. Keine Sorge, du bist nicht alleine. In diesem Kapitel helfen wir dir, die wichtigsten Begriffe besser zu verstehen, und zeigen dir, worauf du bei der Auswahl deines ersten Laufschuhpaares achten solltest.

SO KAUFST DU DIE RICHTIGEN LAUFSCHUHE

Die Auswahl an Laufschuhen kann gerade am Anfang sehr überfordernd sein. Darum solltest du dich unbedingt in einem Fachgeschäft beraten lassen. Bevor du nun ins nächste Schuhgeschäft stürmst, lohnt sich ein Blick ins Internet. Google die Bewertungen der Lauf- und Sportschuhläden in deiner Nähe. Wenn du bereits andere Läuferinnen und Läufer kennst, frage sie nach ihren Erfahrungen. Es ist wichtig, dass der Laden eine große Auswahl an Marken führt, eine Laufanalyse anbietet, aber auch als kompetent angesehen wird. Die richtigen Laufschuhe zu tragen, zahlt sich ab dem ersten Kilometer aus.

Nach den typischen Beratungsfragen, die du in der Infobox auf der nächsten Doppelseite findest, wird auf einem Laufband via Videoanalyse dein Laufverhalten bewertet. Der Verkäufer schaut sich dabei deine Laufbewegungen an und achtet auf mögliche Fuß-Fehlstellungen. Gerade beim Laufeinstieg bist du das Laufen auf dem Laufband nicht gewohnt. Du wirst dich wahrscheinlich unwohl fühlen und eher unnatürlich laufen. Daher sollte der Verkäufer deinen Laufstil auch abseits des Laufbands begutachten.

HAST DU EINE FEHLSTELLUNG UND WENN JA, WELCHE?

Wenn es um Fehlstellungen geht, kommst du nicht darum herum, dich mit der (Über-)Pronation und der Supination zu beschäftigen. Beide Begriffe umschreiben Bewegungen, die deine Gliedmaßen ausführen. Die Pronation beschreibt die natürliche Dämpfungsbewegung des Fußes. Wenn dein Fuß während der Abrollbewegung beim Laufen übermäßig nach innen kippt, nennt sich das Überpronation. Falls dein Fuß zu einer Supination neigen sollte, kippt er nach außen weg, das heißt die Belastung beim Laufen liegt auf dem äußeren Fußrand.

Grundsätzlich gilt: Sollte dir oder deinem Laufschuhverkäufer eine Fehlstellung auffallen oder solltest du bemerken, dass Schmerzen beim Laufen auftreten, suche einen Orthopäden auf. Oft wird ein leichter Normalschuh empfohlen und entsprechende Gymnastiübungen, die deine Fußmuskulatur kräftigen, um ein Umknicken zu vermeiden. Das kann langfristig hilfreicher sein als eine orthopädische Einlage.

DIE BESTE ZEIT ZUM LAUFSCHUHKAUF

Die beste Zeit, um einen Laufschuh zu kaufen, ist übrigens ab dem Nachmittag. Warum das so ist? Dein Fußgewölbe sinkt über den Tag hinweg ab, was deinen Fuß länger macht. Zudem schwellen deine Füße im Tagesverlauf an, vor allem im Sommer bei Hitze. Es ist besonders wichtig, dass der Schuh, für den du dich entscheidest, nicht zu klein ist, deswegen kaufe deine Laufschuhe am besten gegen Nachmittag oder am Abend, wenn deine Füße sich bereits auf natürliche Weise ausgedehnt haben. Schließlich willst du nicht, dass sie nach kurzer Zeit schon irgendwo drücken.

Oft unterschätzt, aber sehr wichtig sind auch die Laufsocken. Mit den falschen Socken läufst du dir schnell unangenehme Blasen oder sie schnüren die Blutzufuhr ab. Falls der Verkäufer, der dich beim Schuhkauf berät, nicht ohnehin darauf zu sprechen kommt, hake einfach selbst nach.

Auf der nächsten Seite findest du alle Tipps, die du zum Laufschuhkauf brauchst, kompakt zusammengefasst. Damit bist du gewappnet, um dich für dein erstes Paar zu entscheiden. Zu Beginn reicht erst mal eins. Wenn dir das Laufen so viel Spaß macht, dass du dranbleiben möchtest und Verletzungen vermeiden willst, wird dir häufig dazu geraten, zwischen mindestens zwei verschiedenen Schuhpaaren abzuwechseln. Auf diese Weise müssen sich deine Füße immer wieder neu auf das entsprechende Schuhbett einstellen und du schaffst dadurch unterschiedliche Belastungen für deine Gelenke und Muskeln. So, wie du deine Läufe variieren solltest, kannst du später auch die Laufschuhe entsprechend der Strecke anpassen. Behalte das im Hinterkopf!

SO FINDEST DU DIE *richtige Passform*

- Bringe deine Laufsocken mit oder lass dich dazu beraten
- Sitzt der Schuh angenehm?
- Drückt es irgendwo?
- Dein Vorfußbereich muss ausreichend Platz für die Zehen haben
- Die Größe stimmt, wenn du einen Fingerbreit Platz vor dem großen Zeh hast
- Die Schaftbreite sollte eher fest sein und nicht an der Achillessehne reiben
- Wenn dir ein Schuh zu eng oder zu weit ist, probiere auch mal die Damen- oder Herrenversion

Typische Beratungsfragen

- Seit wann läufst du?
- Wie viele Kilometer läufst du?
- Auf welchem Untergrund wirst du laufen?
- Wie schnell läufst du?
- Wirst du an Wettkämpfen teilnehmen?
- Hattest du in letzter Zeit Beschwerden beim Laufen?
- Trägst du orthopädische Einlagen?

DARAUF SOLLTEST DU BEIM KAUF *achten!*

- Lass dich in einem guten Sportschuhfachgeschäft beraten
- Die Schuhe sollten Reflektoren haben, damit deine Sichtbarkeit und damit deine Sicherheit in der Dunkelheit erhöht werden
- Bringe deine alten Sportschuhe zur Beratung mit, falls du welche hast
- Die Stabilität des Schuhs ist besonders wichtig, wenn du etwas mehr auf den Rippen hast
- Nimm dir Zeit und teste die Schuhe auch außerhalb des Ladens (in guten Geschäften sollte das kein Problem sein)
- Lass dich nicht zu sehr von der Meinung oder den Empfehlungen von Freunden, Familie oder der Werbung beeinflussen
- Nur du allein kannst herausfinden und fühlen, welcher Schuh der richtige ist
- Der Schuh muss gut sitzen und bequem sein
- Farbe und Marke sollten zweitrangig sein!
- Teuer ist nicht immer am besten!
- Teste mindestens drei verschiedene Paar Schuhe und / oder auch Marken

SO PFLEGST DU DEINE *Laufschuhe* RICHTIG

Dein wichtigstes Trainingsutensil ist eindeutig dein Trainingsschuh. Darum solltest du diesen besonders gut pflegen und in Schuss halten. Vor allem im Herbst und im Winter wird der Schuh sehr viel öfter dreckig als im Sommer und sollte darum regelmäßig gereinigt werden. Doch bei der Reinigung gibt es so manches zu beachten.

Du benötigst:
1. Eimer mit 500 ml lauwarmem Wasser
1. alte Zahnbürste
1. Baumwolltuch oder Schwamm
   Leichte Seife (Lauge)
   Alte Zeitungen zum Ausstopfen

Bevor es losgeht:
Entferne am besten vor der Reinigung die Innensohle und Schnürsenkel. Diese sollten möglichst separat und manuell gewaschen werden, um deinem Schuh wieder die nötige Frische zu verleihen.

Außenreinigung
Mit der alten Zahnbürste reinigst du zunächst die Außenfläche des Schuhs von Erde oder Schlamm. Am besten noch bevor es antrocknet.

Gründliche Reinigung
Das warme Wasser und die Seife kannst du nun zur Oberflächenreinigung deiner Laufschuhe verwenden. Mithilfe eines Baumwolltuchs oder eines Schwamms entfernst du den Schmutz durch kreisende Bewegungen aus den Fasern.

Trocknen
Um deine Laufschuhe zu trocknen, stopfst du sie mit ausreichend Zeitungs- oder Küchenpapier aus. Altpapier nimmt die Nässe am schnellsten auf und sollte nach rund sechs Stunden gewechselt werden. Achtung: Stelle deine Schuhe niemals neben eine Heizung, da die direkte Hitze das Material und die Form beeinträchtigt. Insgesamt solltest du die Schuhe rund 10 bis 12 Stunden trocknen lassen.

Waschmaschine?
Keine Waschmaschine! Komm bloß nicht auf die Idee, deine Schuhe maschinell zu reinigen! Waschmittel ist viel zu aggressiv für das Material und schadet dem Schuhkleber im Sohlenbereich. Deine Waschmaschine dankt es dir im Übrigen auch, wenn du deine schmutzigen Laufschuhe nicht direkt in die Trommel wirfst.

WARUM DIE RICHTIGE *Laufbekleidung* WICHTIG IST

Bist du bereits die ersten Wochen unterwegs und stellst für dich fest, dass Laufen genau dein Ding ist? Glückwunsch! Nach und nach wirst du merken, dass die richtige Laufbekleidung immer wichtiger wird. Sie hilft dir, Wind und Wetter zu trotzen, bewahrt dich vor fiesen Erkältungen und lässt jegliche Ausrede alt aussehen. Wie sagt man so schön: *Es gibt kein schlechtes Wetter, nur schlechte Ausrüstung!* Sobald Laufen deine Gewohnheit und ein unerlässlicher Teil deines Alltags geworden ist, wird der Wetterbericht keine Rolle mehr spielen. Zeit, dass wir nun die Laufbekleidung unter die Lupe nehmen.

FUNKTIONS- ODER BAUMWOLLKLEIDUNG

Funktionstextilien bestehen aus sogenannten Funktionsfasern, die auf der Außenseite der Kleidung feuchtigkeitsabweisend und auf der Innenseite feuchtigkeitsanziehend sind. Das bedeutet, dass diese spezielle Art von Textilien Regen oder Schnee aussperrt, während sie den Schweiß von der Haut durch das Material nach außen transportiert. Diese Fähigkeit hilft bei der Wärmeregulation.

Wenn du deine ersten Läufe mit einem alten Baumwollshirt und einer in die Jahre gekommenen Jogginghose bestreitest, merkst du schnell, dass sie nach nur wenigen Minuten schweißgetränkt an dir herunterhängen. Baumwollfasern können bis zu 40 Prozent ihres Eigengewichts an Wasser aufnehmen und Feuchtigkeit nicht von innen nach außen leiten. So hat der Schweiß auf deiner Haut keine Chance zu verdampfen und sammelt sich im Textil. Durch die feuchte Baumwollkleidung auf der Haut kühlst du bei schlechtem Wetter schneller aus und fängst dir im schlimmsten Fall eine Erkältung ein.

FUNKTIONSKLEIDUNG: JA ODER NEIN?

Wenn du dich dazu entschließt, dauerhaft zu laufen, solltest du auf qualitativ hochwertige Funktionskleidung setzen. Deine Sportkleidung wird dir ein treuer Wegbegleiter sein und dir im besten Falle auch noch in der nächsten und übernächsten Saison gute Dienste leisten. Darum lohnt es sich, beim Kauf besonderen Wert auf das Material zu legen.

Die richtige Kleidung muss übrigens nicht die 300-Euro-Softshell-Jacke von einer teuren Outdoorsportmarke oder die mega

Multifunktions-Laufhose sein. Wenn du weißt, worauf es beim Material ankommt, kannst du auch zu einem günstigen Preis solide, wetterfeste Laufklamotten ergattern.

Beim Kauf von Laufkleidung solltest du darauf achten, dass die Textilien idealerweise aus Sympatex oder Goretex bestehen. Das Standardmaterial, gerade bei günstigeren Modellen, ist Polyester. Die beste natürliche, aber auch etwas kostspieligere Alternative zu den klassischen synthetischen Funktionstextilien ist Merinowolle.

Während sich Sportkleidung aus den klassischen synthetischen Funktionsmaterialien auf langen Strecken schnell unangenehm feucht anfühlt und zu müffeln beginnt, bleibt Merino trocken und geruchsneutral. Es kühlt bei Hitze und wärmt bei Kälte gleichermaßen und ist daher eine sehr empfehlenswerte Naturfaser.

VERMEIDE SCHEUERSTELLEN

Warum Qualität beim Kauf der Laufbekleidung ein sehr wichtiger Faktor ist, hat auch noch einen weiteren Grund: Scheuerstellen! Gerade im Sommer, wenn die richtige Zeit für kurze Hosen und luftige Shirts gekommen ist, können sie beim Laufen zu einem unangenehmen und sehr schmerzhaften Problem werden. Schwups, hast du dir mal eben hier die Stelle unter dem Arm oder dort zwischen den Oberschenkeln wund gelaufen. Das tut nicht nur während dem Laufen, sondern auch noch danach weh und demotiviert natürlich.

Um das Risiko von vorneherein zu minimieren, empfehlen wir dir Folgendes: Meide von Beginn an Kleidung aus Baumwolle! Denn diese führt sehr schnell zu den unliebsamen Scheuerstellen. Einfach vor dem Kauf den Baumwollanteil der Kleidung checken.

Bei kurzen Hosen und auf den Innenseiten von Laufshirts und -tops kannst du zudem darauf achten, dass die Nähte nicht dort verlaufen, wo sie beim Tragen eng auf deiner Haut aufliegen. Lege zudem Wert darauf, dass die Nähte möglichst flach sind, sodass sie nicht in deine Haut einschneiden und während des Laufens unangenehm an ihr reiben. Sieh dir auch an, wo die Reißverschlüsse entlanglaufen. Sie sollten am besten nicht zu eng an deiner Haut anliegen oder im Idealfall abgedeckt sein.

Pflegetipps FÜR DEINE LAUFBEKLEIDUNG

Natürlich sollen deine Laufklamotten auch lange halten. Darum zu guter Letzt noch ein paar Tipps zur Pflege von Funktionskleidung:

- ✖ Finger weg von Weichspüler und Wäschetrockner!
- ◊ Feinwaschmittel nehmen, am besten flüssig
- ↻ Immer auf links waschen
- ⊙ Waschhinweise vorab checken!
- ⚗ Die Waschmaschine nur zur Hälfte befüllen
- ✈ Die Kleidung an der frischen Luft trocknen lassen

Basic-Ausrüstung

- ★ Auf deinen Fuß und Laufstil abgestimmte Laufschuhe
- ★ Sportunterwäsche — nichts ist nerviger als kneifende Unterwäsche beim Laufen
- ★ Sport-BH — für die Mädels
- ★ Gute Laufsocken — bewahren dich bei längeren Läufen vor Druckstellen und Blasen
- ★ Funktionsshirt/Top
- ★ Kurze, eng anliegende Laufhose oder lange Laufleggings — evtl. mit Täschchen für Schlüssel
- ★ Funktions-Longsleeve — für die kühleren Tage
- ★ Atmungsaktive, leichte Jacke, die Wasser abweist — sehr praktisch sind Laufwesten oder Jacken mit abnehmbaren Ärmeln

Must-haves

IM SOMMER:

Eine Sonnenbrille schützt die Augen vor der Sonneneinstrahlung, aber auch vor Schmutz und Tierchen.

Zudem solltest du eine Cap tragen, um dich zusätzlich vor der Sonne zu schützen.

IM WINTER:

Ein Stirnband hält deine Ohren warm und schützt vor kaltem Wind. Handschuhe (zum Beispiel mit Touch-Funktion für die Handybedienung, damit du trotzdem dein Smartphone bedienen kannst), sowie ein Schal oder Tuch um den Hals sollten ebenfalls Teil deiner winterlichen Grundausstattung sein. Alles im besten Fall aus funktionellen Materialien bestehend.

SO LÄUFST DU SICHER DURCH *die Dunkelheit*

Im ersten Kapitel haben wir dir erklärt, dass Laufen immer und überall möglich ist. Das heißt auch, dass du nicht immer bei bestem Wetter unterwegs sein wirst, schließlich können weder schlechtes Wetter noch ein plötzlicher Wintereinbruch deinen Enthusiasmus dämpfen und dich vom Laufen abhalten.

Gerade wenn die Tage kürzer werden, ist die eigene Sicherheit besonders wichtig. Jetzt solltest du dir nicht nur drei Mal überlegen, wo du frühmorgens oder abends lang läufst, sondern auch an deiner Laufkleidung checken, ob sie die nötigen Reflektoren hat.

SEHEN UND GESEHEN WERDEN LAUTET DIE DEVISE

Die Hersteller von Laufkleidung kennen die Tücken des Laufens im Herbst und Winter, und so gibt es eine ganze Palette an Laufbekleidung, die extra für Dämmerlicht und Dunkelheit konzipiert wurde. Oft ist die Kleidung hell und hat viele Reflektoren. Streifen, Dreiecke und großflächiger Reflektorstoff sorgen dafür, dass das Licht entgegenkommender Autos oder Radfahrer auf sie zurückgeworfen wird und du so besser gesehen wirst.

Doch das reicht nicht immer, und darum gibt es weitere Accessoires, mit denen du nachrüsten kannst:

- Reflektorbänder für Arme und Beine
- LED-Leuchtbänder fürs Handgelenk
- Praktische Warn-/Laufwesten – behindern nicht beim Laufen und erhöhen die Sichtbarkeit
- Flashjacken – leuchten den Oberkörper großflächig aus und sind aus weiter Ferne sichtbar
- LED-Clips für die Schuhe – erhöhen die Sichtbarkeit nach hinten
- Laufcap mit Reflektoren und/oder Rückleuchte – erhöht die Sichtbarkeit, verbessert das Sichtfeld, schützt vor Wind, Regen und blendendem Gegenlicht
- LED-Stirnlampe – hilft, die Laufstrecke möglichst gut zu erkennen
- Knicklichter und LED-Schnürsenkel – sehen auch noch cool aus!

Du siehst, nur weil es dunkler und ungemütlicher wird, gibt es keinen Grund, auf das Laufen zu verzichten. Die richtige Ausstattung ist eben alles und sollte daher gut überlegt eingekauft werden.

SO FINDEST DU DEN RICHTIGEN *Sport-BH*

Neben dem Laufschuh sollte für Frauen die zweitwichtigste Investition beim Laufen und beim Sport generell der Sport-BH sein. Dieses Thema ist uns sehr wichtig, weil wir oft und mit Erschrecken feststellen, dass viele Mädchen und Frauen dieses Kleidungsstück vernachlässigen.

DAS ZWEITWICHTIGSTE BEKLEIDUNGSSTÜCK FÜR LÄUFERINNEN

Vielen Sportlerinnen ist nicht klar, wie wichtig es ist, den richtigen Sport-BH zu tragen. Laut Statistik tragen nur 15 Prozent der aktiven Frauen tatsächlich einen Sport-BH. Noch schlimmer: 60 Prozent trainieren mit einem normalen Büstenhalter und einige Frauen sogar gänzlich ohne. Ladys, das muss nicht sein! Da legen wir Wert auf unser Äußeres, vergessen aber unsere Brüste richtig zu verpacken?

DARUM IST EIN SPORT-BH SO WICHTIG

Der Busen besteht aus Haut, Fett, Drüsen, Bändern und Bindegewebe. Somit ist keine Muskulatur vorhanden, die du trainieren könntest. Jede übermäßige Bewegung führt langfristig zu einer Erschlaffung der Brust und kann auf Dauer zu einem unschönen Hängebusen werden. Bei einer mittleren bis großen Oberweite können die Schwingbewegungen auf Dauer sogar zu Verspannungen im Schulter- und Rückenbereich führen.

Ohne Schutz bewegt sich der Busen in der Vertikalen bei Bewegungen im Durchschnitt um die acht Zentimeter aus der normalen Position heraus. Ein guter Sport-BH kann die Eigenbewegung um bis zu 75 Prozent mindern und sollte darum das absolute Muss für jede Frau sein, die Sport treibt.

DARAUF SOLLTEST DU BEI DER BH-AUSWAHL ACHTEN

Die Stützfunktion ist das wichtigste Kriterium bei der Auswahl eines Sport-BHs, aber auch Atmungsaktivität und Tragekomfort sind beim Kauf zu beachten. Der richtige Sport-Büstenhalter darf nicht zwicken, scheuern oder rutschen, sondern soll dafür sorgen, dass du bedenkenlos trainieren kannst. Er schützt deine Brust und sorgt dafür, dass die Elastizität des Bindegewebes erhalten bleibt. Darum ist unser Rat: Investiere lieber in einen hochwertigen Sport-BH statt in einen günstigen.

Achte dabei auch darauf, dass der Sport-BH wirklich fest sitzt und deine Brüste eng anliegen. Das Brustband unterhalb der Brüste sollte möglich straff sitzen und im Rücken unterhalb der Schulterblätter abschließen. Natürlich soll es dich nicht einschnüren. Wenn du dich für einen klassischen Sport-BH mit Körbchen entschieden hast, umschließen die Körbchen deine Brüste komplett.

Auch sehr wichtig: Lass dir Zeit beim Einkauf! Probiere den BH in Ruhe an. Hüpfe in der Kabine auf und ab, um zu checken, ob er wirklich gut sitzt. Hebe die Hände über den Kopf und winke ein wenig hin und her.

MISS DEINE ERSTEN TRAININGSERFOLGE MIT *Lauf-Apps*

Gerade am Anfang deiner Laufkarriere wirst du schnell Erfolge sehen wollen. Heutzutage kannst du ganz einfach eine App auf deinem Smartphone dafür benutzen. Während du läufst, zeichnet sie deine Geschwindigkeit, Kilometer und Zeiten auf und flüstert dir im besten Fall regelmäßig motivierende Worte ins Ohr. In der App werden deine Laufeinheiten gespeichert und du kannst deine Fortschritte in einer Zusammenfassung deiner Trainingseinheiten verfolgen. Sie hilft dir somit nicht nur, alle deine Daten übersichtlich zu sammeln, sondern motiviert dich auch, weiter am Ball zu bleiben. Oft kannst du dich sogar mit anderen App-Nutzern bzw. deinen Freunden vergleichen, Challenges eingehen und vieles mehr.

SO DENKEN WIR ÜBER LAUF-APPS

Eines ist klar: Es gibt keine Universal-App, die allen Ansprüchen gerecht wird. Der eine mag eine schick designte Benutzeroberfläche, während jemand anderem Trainingsplan-Vorlagen wichtig sind. Deswegen empfehlen wir dir, einfach mal durchzuprobieren. Die gängigen Apps sind allesamt kostenlos. Erst wenn du mehr Funktionen oder einen Trainingsplan möchtest, können Kosten anfallen.

Für uns ist es aber auch wichtig, dass du dich zu Beginn nicht zu sehr auf Geschwindigkeit und Bestzeiten konzentrierst. Das ist alles nett und motivierend, aber es kann dich auch ziemlich verrückt machen, wenn du bei jedem Lauf einen Rekord aufstellen oder andere Lauffreunde übertrumpfen willst. Stattdessen solltest du deine Lust aufs Laufen fördern und ausprobieren, wie weit du gehen kannst.

Nutze die Lauf-App als Dokumentationsplattform für dein Training, als Erinnerung und als Richtlinie während des Laufens. Allen voran die Live-Mess-Funktion der Apps via GPS hilft dir, beim Laufen deine Geschwindigkeit zu halten, und gibt an, welche Strecke du bereits zurückgelegt hast. So musst du nicht mitten im Training anhalten, um auf die Uhr oder das Smartphone zu schauen. Die meisten Apps bieten auch die Funktion, Intervalle einzustellen. Unsere Trainingspläne, die du am Ende des Buchs findest, gestalten sich nach diesem Prinzip: Laufen – Gehen – Laufen – Gehen. Hier ist genau diese Funktion der App ideal, denn die nette Stimme säuselt dir ins Ohr, wann du joggen oder gehen musst.

ÜBER DIE VORZÜGE UND TÜCKEN VON  BEIM LAUFEN

Für den einen mehr Stress als Entspannung, für den anderen das Geheimnis für Bestleistungen: Musik beim Laufen zu hören kann verschiedene Vor- und Nachteile haben. Um dir für deinen Laufeinstieg eine Entscheidungshilfe zu geben, ob du mit oder ohne Musik laufen solltest, zeigen wir dir in diesem Abschnitt, was es dabei zu beachten gilt.

PRO: MUSIK ALS MUNTERMACHER

Es gibt diese Tage, an denen einfach alles nervt. Deine Laune ist absolut im Keller, und du würdest am liebsten die ganze Welt verfluchen. Ein Lauf mit der richtigen Musik kann das jedoch schnell ändern. Einmal angeschaltet, bringt sie deine müden Glieder schnell in Schwung und beflügelt deinen Schritt, sodass dein eben noch vor dir her geschobener Lauf nun wie von selbst geschieht. Schon mal versucht, die Beine still zu halten und griesgrämig zu bleiben, während du *I Gotta Feeling* von den Black Eyed Peas hörst? Eben!

CONTRA: MUSIK BETÄUBT

Du wirst den ganzen Tag mit Reizen überflutet, die dich erfolgreich von dem ablenken, was eigentlich in deinem Kopf vorgeht. Laufen bläst deinen Kopf frei und gibt dir Zeit, dich endlich mit Dingen zu beschäftigen, die du sonst unterdrückst. Musik beim Laufen zu hören, ist nur ein weiterer Reiz, eine weitere Betäubung, die dich von dir selbst ablenkt.

PRO: MUSIK ALS PACEMAKER

Schnelle Beats lassen dich wie von allein schneller laufen. Das kann sehr nützlich sein, wenn du dich auf Rennen vorbereitest und eine bestimmte Zeit anpeilst.

CONTRA: MUSIK LENKT AB

Beim Laufen Musik zu hören, ist immer auch eine Ablenkung vom eigenen Körpergefühl. So besteht das Risiko, dass du dich verausgabst, ohne es zu bemerken, oder wichtige Signale deines Körpers überhörst, die dich vor Verletzungen bewahren sollen.

CONTRA: PROBLEME MIT DER SICHERHEIT

Gerade im Straßenverkehr ist das Laufen mit Musik im Ohr riskant. Durch die akustische

Abschottung nimmst du die (Warn-)Signale deiner Umgebung nicht mehr ausreichend wahr und verminderst somit deine Reaktionsfähigkeit. Auch bei offiziellen Läufen (oder bei viel *Verkehr* im Park) lenkt Musik ab und es kann vorkommen, dass du die anderen Teilnehmenden übersiehst und sie eventuell umrennst.

CONTRA: MEHR BALLAST

Wenn du mit Musik laufen möchtest, stellt sich die Frage, wo du dein Handy oder deinen MP3-Player unterbringst, ohne dass das Gerät dich stört. Zudem brauchst du Kopfhörer, die sich zum Laufen eignen und im besten Falle angenehm zu tragen und nicht allzu sperrig sind. Ein lockerer Lauf wird so schnell zu einem Packesel-Marsch mit auf- und abwippendem elektronischen Zubehör.

CONTRA: STRESS DURCH IN-EAR-KOPFHÖRER

In-Ear-Kopfhörer nehmen der Ohrmuschel ihre Aufgabe, die Frequenzen der Musik passend aufs Trommelfell zu verteilen. Stattdessen gelangen sie ungefiltert auf das gesamte Trommelfell, was für unser Gehirn bei der Verarbeitung Stress pur bedeutet. Der eigentliche Effekt beim Laufen, nämlich die Entspannung, wird so zunichtegemacht.

UNSER FAZIT ZUM LAUFEN MIT MUSIK

Beginne deine ersten Läufe ganz ohne Musik. Nutze die Stille, um deinen Körper aufmerksam zu beobachten. Wie fühlen sich deine Füße an, deine Waden, deine Knie, dein Kopf?

Ohne Musik kannst du dich vollkommen auf deine momentane Verfassung konzentrieren. Du findest dein optimales Lauftempo und den richtigen Rhythmus für deine Atmung.

Kleiner Tipp: Wann immer du merkst, dass dich Musik zu sehr vom eigentlichen Lauf ablenkt oder du dich unruhig und gestresst fühlst, setze die Kopfhörer ab und laufe ohne Musik. Auch das Laufen ohne Musik kann eine Herausforderung sein.

FRAGEN UND ANTWORTEN RUND UMS
Lauf-Equipment

Mit dem passenden Paar Laufschuhe und der richtigen Laufbekleidung bist du bereits bestens ausgestattet und doch stellen sich wahrscheinlich noch die einen oder anderen Fragen ein. Die beantworten wir dir jetzt:

WOHIN MIT DEM HAUSTÜRSCHLÜSSEL?

In vielen Laufhosen findest du meist ein kleines, eingenähtes Täschchen, das für den Schlüssel oder ein Taschentuch gedacht ist. Da bei Carina diese Taschen kurioserweise immer als Erstes kaputt gehen, ist sie dazu übergegangen, ihren Schlüssel zwischen den Schnürsenkeln am Schuh festzubinden – hält super und kann mit Sicherheit nicht rausrutschen.

Alternativ können die Damen der Schöpfung auch die altbewährte *Mein-BH-kann-alles-Methode* anwenden und den Schlüssel am Träger festklemmen (Achtung! Ab mehr als drei Schlüsseln wird es unangenehm …).

Für alle anderen bietet sich noch ein Laufgürtel an, der Schlüssel, Geld und Smartphone sicher aufbewahrt und den du einfach um den Bauch oder die Hüften schnüren kannst.

WOHIN MIT DEM SMARTPHONE / MP3-PLAYER?

Carina reicht zum Verstauen des Smartphones aka MP3-Players aka GPS-Geräts immer die Hosen- bzw. Jackentasche. Der Nachteil dabei ist, dass das Smartphone, je nach Größe, die jeweilige Tasche beschwert oder beim Lauf unangenehm mithüpft.

Eine praktische Alternative, mit der Mandy läuft, ist ein Armband, das du am Oberarm befestigst. Zu Beginn ist es etwas gewöhnungsbedürftig mit solch einem Oberarmband zu laufen und im Sommer besteht Scheuergefahr: der große Vorteil dieses Armbands ist aber, dass du immer die Hände frei hast.

WELCHE KOPFHÖRER SIND ZUM LAUFEN EMPFEHLENSWERT?

Carina benutzt seit Jahren Sportkopfhörer, die am Ohr eingehängt werden und somit beim Laufen nicht aus dem Ohr springen. Mandy hingegen schwört auf ihre Knopfkopfhörer. Eine Alternative für alle, die auf lästigen Kabelsalat verzichten möchten, sind Bluetooth-Kopfhörer. Diese werden völlig kabellos mit deinem Smartphone oder

MP3-Player per Bluetooth verbunden und liefern dir ohne wippende Kabel Musik auf die Ohren.

Einige Läuferinnen und Läufer sind auch mit großen Over-Ear-Kopfhörern unterwegs. Grundsätzlich solltest du vor allem beim Laufen in der Stadt bedenken, dass du Teil des Straßenverkehrs bist. Achte darauf, dass du dich nicht zu sehr abschottest und deine Umwelt noch wahrnehmen kannst. So vermeidest du Unfälle und rennst nicht versehentlich Passanten um.

WANN UND WIE SOLLTE MAN ETWAS ZU TRINKEN MITNEHMEN?

Gerade im Sommer stellt man sich schnell die Frage, ob man vielleicht besser etwas zum Trinken mit auf den Lauf nehmen sollte. Im gleichen Atemzug kommt dann direkt die nächste Frage auf, wie man das Trinken so verstaut, dass es einen möglichst wenig beeinträchtigt.

Es gibt Lauf-Trinkgürtel zum Umschnallen, an denen 100 ml Fläschchen befestigt sind und sogar spezielle Trinkrucksäcke. Diese bestehen aus einem fürs Laufen geeigneten, leichten Rucksack und einem integrierten Plastikbeutel zum Wasser einfüllen. Über einen Schlauch kannst du das Wasser dann wie durch einen Strohhalm trinken. Das funktioniert sogar während des Laufens, so musst du nicht mal stehen bleiben.

Grundsätzlich gilt, dass du bei Läufen bis 45 Minuten Länge kein Wasser mitnehmen musst. Dies wird weder deine Gesundheit noch deine Leistung beeinträchtigen, deswegen kannst du locker bleiben und am Anfang auf umständliches Trinkzubehör verzichten. Wenn es besonders heiß draußen ist, solltest du aber generell darauf achten, über den Tag verteilt genug zu trinken.

KANN MEIN HUND MIT ZUM LAUFEN?

Du hast einen Hund? Klasse! Je nach Alter heizt er dir beim Laufen entweder ordentlich ein oder du ziehst ihn hinter dir her; in jedem Falle lohnt es sich, eine spezielle Hundeleine fürs Laufen anzuschaffen. Es gibt extra flexible Lauf-Leinen mit Hüftgurt, die du umschnallen kannst. Damit hast du während des Laufs beide Hände frei und schon kann der Spaß mit deinem neuen vierbeinigen Lieblings-Trainingspartner losgehen!

BRAUCHE ICH EINE LAUFUHR?

Nur wenn du es wirklich ernst mit dem Laufen meinen solltest, lohnt es sich, überhaupt über das Anschaffen einer speziellen Laufuhr nachzudenken. Eine Laufuhr zeichnet deine zurückgelegten Kilometer per GPS auf und zeigt dir, wie lange und wie schnell du unterwegs bist. Der entscheidende Unterschied zu einem Smartphone mit Lauf-App ist, dass die Uhr deinen Puls entweder direkt am Handgelenk oder mithilfe eines Brustgurts messen kann. Diese Funktion hilft dabei, noch körperbewusster und somit effektiver zu laufen.

Wenn du dich ausführlich in das Thema eingearbeitet hast, können dir die Pulswerte der Laufuhr eine große Hilfe sein, um dein optimales Trainingstempo herauszufinden und deine maximale Trainingsbelastung auszuloten.

Für den Anfang empfehlen wir jedoch, erst einmal ohne Laufuhr zu starten. Solch eine Uhr ist ganz klar ein praktisches Tool, um deine Leistung detailliert messen und auswerten zu können. Gerade wenn du noch ganz am Anfang deiner Laufkarriere stehst, solltest du dich aber lieber erst einmal voll und ganz auf deinen Körper einlassen und dich nicht zu sehr von technischem Schnickschnack ablenken lassen.

WIE BINDE ICH MEINE LAUFSCHUHE RICHTIG?

Es gibt nichts Lästigeres als beim Laufen über die eigenen Schnürsenkel zu stolpern, die sich mal wieder gelöst haben. So banal es klingt – Laufschuhe binden muss gelernt sein. Doch das geht ganz einfach. Mit diesem kleinen Schnür-Kniff gehören offene Schnürsenkel der Vergangenheit an:

SCHRITT 1 **SCHRITT 2** **SCHRITT 3** **SCHRITT 4** **SCHRITT 5**

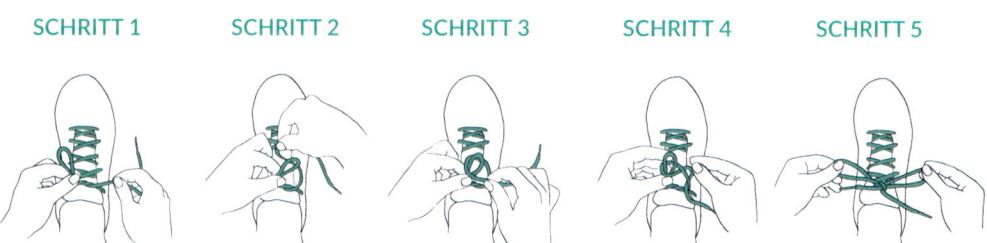

DAS SCHAFFE ICH
DOCH NIE!

ALLE WAREN MAL *Anfänger!* LASS DICH VON ZWEIFELN NICHT *abhalten!*

Kapitel 5

Training

MIT DEM RICHTIGEN
Trainingsplan
BIST DU SCHON FAST AM ZIEL

Uns hat mal eine Leserin gefragt: *Warum ist es eigentlich so wichtig, nach einem Trainingsplan zu trainieren? Kann ich nicht einfach laufen?* Recht hat sie, denn für uns geht es beim Laufen in erster Linie um die Freude am Sport. Es gibt nichts Schöneres, als planlos loszulaufen, die Kraft im eigenen Körper zu spüren und zu wissen: *Laufen ist für mich kein Problem!*

Doch zu diesem Punkt musst du beim Laufeinstieg erst mal kommen. Vielleicht geht dir schon nach einem Kilometer die Puste aus? Ans Laufen von fünf Kilometern ist gar nicht erst zu denken. Stell dir vor, du läufst jedes Mal einfach drauflos. Wie willst du dann feststellen, ob du dich verbessert hast? Schwierig, richtig! Genau darum empfehlen wir für den Start ein Training nach Trainingsplan. So setzt du dir nicht nur ein Ziel, das du anpeilen kannst, sondern du strukturierst dein Training auch, und das bringt dich schneller voran.

Grundsätzlich ist es immer besser, sich von einem Laufcoach beraten zu lassen. Ein guter Coach kann individuell auf dich und deine Bedürfnisse eingehen und dir danach einen Trainingsplan erstellen, der genau auf dich zugeschnitten ist. Mittlerweile gibt es viele Laufpläne, die du online, in Büchern oder Apps erhältst, die dich beim Einstieg unterstützen können. Im Anhang zu unserem Buch findest du ebenfalls zwei verschiedenen Pläne, die du nutzen kannst.

Um dich selbst zu trainieren, machen wir dich in diesem Kapitel mit den wichtigsten Trainingsprinzipien vertraut und zeigen dir, wie du dir selbst einen Trainingsplan erstellst.

DIE BESTEN TIPPS FÜR *dein Training*

Du bist bereit für ein Training nach Plan? Sehr gut! Einen ersten Schritt in Richtung Laufen kannst du machen, indem du dir unsere Trainingspläne am Ende des Buchs anschaust. Dort kannst du wählen, ob du 30 Minuten am Stück oder direkt auf fünf Kilometer gehen möchtest. Damit du den Aufbau und die Struktur eines Trainingsplans besser verstehst, kommen hier die wichtigsten Trainingsprinzipien:

REGELMÄSSIGKEIT UND KONTINUITÄT BRINGEN DICH VORAN

Der Erfolg beim Laufen stellt sich vor allem mit regelmäßigem Training ein. Es bringt nichts, nur einmal die Woche laufen zu gehen. Du solltest mindestens zwei bis drei Mal die Woche trainieren, damit dein Körper in Schwung kommt, Muskeln und Ausdauer aufbaut. Wichtig ist dabei auch, dranzubleiben und nicht ständig zu pausieren oder auszusetzen.

STEIGERE DICH SCHRITTWEISE

Ein guter Trainingsplan steigert deine Leistung schrittweise. Er beginnt damit, dass du zunächst Ausdauer aufbaust und dann nach und nach die Distanzen erhöhst. Ratsam ist es, die Dauer und Strecke nicht um mehr als 5 bis 10 Prozent pro Woche zu steigern.

VERMEIDE ÜBERTRAINING

Wenn die ersten Trainingseinheiten funktionieren und du merkst, dass du fitter wirst, willst du schnell mehr. Achte darauf, dass du dich trotz aller Ambitionen an deinen Trainingsplan hältst. Eine zu schnelle Intensivierung des Trainings, zu lange Strecken oder zu schnelles Tempo können zu einem Übertraining führen, im schlimmsten Fall sogar zu Verletzungen.

REGENERATIONSTAGE SIND WICHTIG

Um Übertraining zu vermeiden, helfen Pausentage. Jedes Mal, wenn du deinen Körper belastest, braucht er Zeit, sich wieder zu regenerieren, um dich beim nächsten Mal noch weiter zu tragen. Darum sind Ruhetage auch Trainingstage und durchaus effektiv.

BLEIBE KONSEQUENT

Wir versuchen unseren Leserinnen und Lesern, die gerade mit dem Laufen starten, immer eine große Illusion zu nehmen:

Das Ziel des Runner's High. Ja, es gibt das Runner's High, den Zustand völligen Glücks, wenn du eins mit dem Sport bist. Aber dieses High oder den Flow wirst du höchstwahrscheinlich nicht bei deinem ersten Lauf erleben. Auch beim zweiten, dritten oder vierten Lauf könnte der Rausch weit entfernt sein. Gehe darum realistisch an dein Training heran und lass dir Zeit. Vielleicht fühlen sich die ersten Läufe ganz und gar nicht leicht und fluffig an. Doch wir versprechen dir: Wenn du dranbleibst, wird der Tag kommen, an dem dir das Laufen leichtfällt und du den ersehnten Flow erlebst.

VARIIERE DEIN TRAINING

Ein guter Trainingsplan vermeidet, dass du dich langweilst! Hört sich zunächst seltsam an, aber es ist wichtig, dass dein Trainingsplan abwechslungsreich gestaltet ist. Wie willst du dich verbessern, wenn du am Anfang wochenlang einen Kilometer läufst? Gar nicht.

Beim Laufstart geht es darum, Ausdauer aufzubauen und stetig die Distanz zu erhöhen. Wenn du danach dein Tempo steigern möchtest oder auf höhere Distanzen wie zehn Kilometer oder gar Halbmarathon gehen willst, werden Laufarten wie *Intervalllauf*, *Aufbaulauf*, *Dauerlauf* oder *Tempolauf* eine wichtige Rolle spielen.

LERNE DICH UND DEINEN KÖRPER KENNEN UND VERSTEHEN

Nach den ersten Wochen im Training wirst du deinen Körper ganz anders kennenlernen und sehen, wie er auf die neue Belastung reagiert. Du wirst herausfinden, ob du lieber morgens oder abends läufst. Ob du schneller auf Asphalt bist oder eher die Herausforderung im Waldlauf schätzt. All diese Faktoren werden sowohl deine Laufziele als auch deinen Trainingsplan mitbestimmen.

TRAINIERE DEINEN GANZEN KÖRPER

Wer läuft, der sollte ebenso anderen Sport zum Ausgleich machen. Radfahren und Schwimmen stärken deine Ausdauer, Krafttraining kräftigt Muskelgruppen wie den Rumpf, die beim Laufen vernachlässigt werden. Plane auch solche Einheiten in dein Training ein.

FÜHRE EIN TRAININGSTAGEBUCH

Neben deinem Trainingsplan kannst du auch ein ganzes Trainingstagebuch führen. Hier notierst du nach jeder Trainingseinheit die Strecke und Zeit, die du absolviert hast und hältst fest, wie du dich beim Lauf gefühlt hast. Lief alles super oder siehst du Punkte, in denen du dich verbessern kannst? Das Tagebuch hilft dir dabei, deine Stärken und Schwächen zu erkennen und zu überprüfen, ob du Fortschritte machst. Für Datenjunkies: Gerne kannst du auch Tempo, Puls, Kalorienverbrauch und andere Werte eintragen.

WELCHE *Laufarten* GIBT ES?

Wer mit dem Laufen anfängt, geht häufig davon aus, dass man es erst richtig geschafft hat, wenn man eine wirklich lange Strecke, im besten Falle natürlich einen Halbmarathon oder Marathon, in einem möglichst schnellen Tempo hinter sich gebracht hat.

Dieser Annahme zufolge wäre der Jamaikaner Usain Bolt mit seinen 100 bis 200 Metern, die er im Wettkampf läuft, ganz schön aufgeschmissen. Der mehrfache Goldmedaillen-Gewinner ist natürlich nicht auf der Marathonstrecke angetreten, sondern auf der Kurzstrecke, die ebenfalls wie die Mittel- und Langstrecke ihre Berechtigung im Laufsport hat.

DIE DISTANZEN DEFINIEREN SICH WIE FOLGT:

Kurzstrecken sind Läufe zwischen 60 und 400 Metern, die im Sprint absolviert werden. Dies umfasst ebenfalls Hürdenläufe.

Mittelstrecken sind alle Distanzen zwischen Kurz- und Langstrecke, die ebenfalls nahezu im Sprint durchgelaufen werden.

Langstecken sind Läufe ab zwei Kilometern bis hin zum Marathon, der 42,195 Kilometer bemisst. Diese Läufe werden im Dauerlauf absolviert. Hier siedeln sich ebenfalls die meisten Trail- und Hindernisläufe an, die im Gegensatz zu den vorher genannten Arten keine olympischen Disziplinen sind.

Ultralangstrecken werden alle Läufe ab Marathon-Distanz genannt. Der längste dieser Art umfasst 5000 Kilometer und dauert 51 Tage (das Self-Transcendence 3100 Mile Race in New York). Im Bereich Ultralangstrecke befinden sich ebenfalls die meisten Bergläufe, bei denen zusätzlich zur enormen Distanz große Höhenunterschiede bewältigt werden müssen.

NICHT JEDER MUSS MARATHON LAUFEN

Für dich bedeutet das: Falls du im Laufe deines Trainings merken solltest, dass lange Distanzen und Dauerlauf nicht unbedingt dein Ding sind, schmeiß das Laufen nicht hin! Vielleicht macht dir knackiges Sprinttraining weitaus mehr Spaß oder du findest deine Freude am Dauerlauf durch abwechslungsreiches Trailrunning im Gelände statt durch den klassischen Straßenlauf auf Asphalt. Probiere es einfach aus! Ob kurz oder lang – alle Strecken machen dir Beine und sind Teil des Lauf-Universums!

...NINGSWOCHE 1

Dienstag
5 Minuten schnelles Gehen
**1 Kilometer Laufen
in ca. 10 Minuten**

Mittwoch

Freitag

Samstag
Yoga

Sonntag

WWW.GETREADYTORUN.DE

SO ERSTELLST DU SCHRITT FÜR SCHRITT
deinen Trainingsplan

Damit du dir deinen eigenen Trainingsplan für den Anfang selbst erstellen kannst, gilt es, ein paar Vorüberlegungen anzustellen. Es ist sehr wichtig, dass sich dein Trainingsplan in deine Alltagsabläufe einfügt, sodass du das Lauftraining nicht als zusätzliche Belastung empfindest. Darum solltest du dir einfach vorab folgende Gedanken machen:

SETZE DIR EIN REALISTISCHES ZIEL FÜR DAS LAUFTRAINING

Die erste Überlegung ist natürlich: Welches Ziel möchtest du mit dem Laufen erreichen? Sind es zum Einstieg erst mal 30 Minuten, die du einfach problemlos am Stück durchlaufen möchtest? Oder willst du demnächst an einem Laufevent in deiner Nähe teilnehmen?

Nachdem du das entschieden hast, legst du ein Datum und/oder eine Distanz, die du erreichen möchtest, fest. Das Ziel eines Trainingsplans kann eine neue Bestzeit sein, das sollte für dich zu Beginn aber erst mal keine Rolle spielen. Nutze den Trainingsplan, um deinen Einstieg ins Joggen zu finden und dauerhaft dabei zu bleiben. Dabei hilft dir am besten die Routine.

Wichtig ist bei deiner Zieldefinition natürlich auch, dass du deine Leistung realistisch einschätzt. Einen Marathon wirst du nicht gleich nach drei Monaten laufen können. Fange also lieber erst mal klein an. Wie wäre es mit einem 5-Kilometer-Rennen?

WIE OFT UND WANN KANNST DU TRAINIEREN?

So realistisch wie dein Ziel solltest du auch dein Trainingspensum einschätzen. Überlege dir genau, ob du es schaffst, drei oder vier Mal pro Woche die Laufschuhe zu schnüren. Oder grätschen dir da Uni, Familie oder Arbeit rein? Für den Einstieg reichen meist schon zwei Läufe pro Woche. An diesen Terminen solltest du aber auch ernsthaft festhalten. Trage sie fest in deinen Kalender ein – so gehst du sicher, dass nichts *aus Versehen* dazwischenkommt.

Um deine Trainingszeit zu planen, solltest du die Zeit fürs Umziehen, Aufwärmen, Abwärmen und das Duschen danach mit einrechnen. Das sind die Zeitfresser, die die meisten gerne dazu bringen, das Training abzusagen, weil das Drumherum zu lange dauert.

LEGE KONKRETE TAGE UND TRAININGSZEITEN FEST

Lege unbedingt deine Lauftage fest. Verbindlichkeit ist gerade am Anfang das A und O deines Laufplans. Wenn beispielsweise klar ist, dass du immer am Dienstag, Donnerstag und Sonntag trainierst, stellt sich nach einigen Wochen die notwendige Routine ein, sodass diese Tage unumstößlich als deine Trainingstage feststehen und du andere Aktivitäten automatisch drumherum planst.

Kleiner Tipp: Reserviere die Tage unter der Woche für kurze Läufe und nimm dir am Wochenende Zeit für einen längeren Lauf.

Gleichermaßen wichtig ist es, dass du dich auf eine bestimmte Uhrzeit für deine Läufe festlegst, sodass sich auch hier eine gewisse Gewohnheit einpendelt.

Doch was tun, wenn dich Freunde einladen oder du mal wieder spontan mit deinem Schatz ins Kino gehen möchtest? Klar, das Training ausfallen lassen geht ganz einfach. Wir aber sagen dir: bleibe standhaft. Dein Lauftraining sollte einen festen Platz in deinem Tagesablauf haben und so unverzichtbar wie dein Frühstück sein. Wenn du dir das klarmachst, klappt es auch mit der Disziplin.

Sollte dir doch etwas Unaufschiebbares dazwischenkommen, plane um! Geh dann zum Beispiel morgens statt abends laufen.

TRAINING NACH PULS ODER ZEIT?

Training nach Puls gilt als sehr gesund, da sich dein Training nach deinem Körper richtet und du darauf achten kannst, nicht überzutrainieren. Mithilfe einer Pulsuhr erfährst du, wie hoch der Grad deiner körperlichen Anstrengung beim Laufen ist. Der integrierte Pulsmesser misst die Herzfrequenz, die die Anzahl der Herzschläge pro Minute angibt. Je höher der Herzschlag, desto höher die Belastung. Mittlerweile gibt es eine bunte Auswahl an verschiedenen Pulsuhren. Manche messen den Puls über einen extra Brustgurt, andere erledigen das direkt an deinem Handgelenk. Während und auch nach dem Lauf kannst du somit deinen Trainingszustand beobachten und auswerten.

Wenn du auf die Herzfrequenz achtest, kannst du dein Training optimieren sowie die Belastung für den Körper senken und kontrollieren. Wenn du dich schon ein wenig ans Laufen herangetastet hast, können Pulsuhren auch im Anfangsstadium eine hilfreiche Kontrollinstanz sein, um den Körper behutsam und überwacht an die Belastung heranzuführen. Doch auch dazu gehören das nötige Wissen und ein wenig Erfahrung. Viele schreckt der Preis für ein solches Gerät zunächst ab. Darum empfehlen wir dir, erst mal loszulaufen und selbst auszutesten, womit du dich gut fühlst. Solltest du dich dazu entscheiden, beim Laufen zu bleiben, lohnt es, über den Kauf einer Pulsuhr nachzudenken. Sie hilft beim gesunden Trainieren und fördert die Leistungssteigerung.

Uns geht es bei deinem Laufeinstieg erst mal darum, dass du überhaupt losläufst. Damit du schon bald erste Erfolge sehen kannst, empfehlen wir dir einen Plan, der dir die Zeit in Kilometern angibt. Dieser bietet dir eine grobe Orientierung, wie weit du laufen kannst, und steigert nach und nach Distanz und Tempo.

DIE GRUNDLAGE: TRAININGSPLÄNE AUS LAUF-BÜCHERN UND AUS DEM INTERNET

Die wichtigsten Parameter für deinen eigenen Trainingsplan stehen nun. Du hast dein erstes Laufziel bestimmt und festgelegt an welchen Tagen du Zeit zum Trainieren hast. Die sportliche Grundlage steht, jetzt kannst du dich von anderen Trainingsplänen inspirieren lassen. Entweder du suchst dir einen persönlichen Trainer oder du schaust nach fertigen Trainingsplänen online oder in Trainings- und Fachbüchern. Hier findest du Pläne für die unterschiedlichsten Ziele.

Der Nachteil bei diesen Trainingsplänen liegt auf der Hand: Es sind sogenannte Trainings-pläne *von der Stange*. Effektiver ist ganz klar die Zusammenarbeit mit einem Lauftrainer beziehungsweise einem Coach, der sich genau deine Fitness, Form und deinen Laufstil anschaut und entsprechende Hinweise geben kann. Dennoch sind Online-Trainings-pläne oder aus Laufbüchern nicht zu verachten, denn sie ermöglichen vielen den Einstieg ins Laufen.

Online findest du verschiedene Websites, die dir halbwegs personalisierte Pläne zurecht-schustern. Dabei werden deine persönlichen Voraussetzungen abgefragt und du kannst deine Lauftage so verteilen, dass es für dich passt. Dabei reicht die Auswahl von fünf Kilometern bis zum Marathon über 42,195 Kilometer.

Auch viele kostenlose Lauf-Apps bieten mittlerweile Trainingspläne an. Das hat den Vorteil, dass du sowohl die Vorgaben für dein Training als auch die Auswertung in einem Tool sammeln und auswerten kannst.

JETZT KANN ES LOSGEHEN!

Mit diesen Tools und deinen Vorüberlegungen kannst du dir nun theoretisch deinen eigenen Trainingsplan erstellen. Vergiss nicht, dir den Plan am besten auszudrucken und an einer gut sichtbaren Stelle aufzuhängen. So kannst du regelmäßig deine Erfolge festhalten und die Trainingseinheiten abhaken.

HOL DIR UNSERE TRAININGSPLÄNE ZUM EINSTIEG

Zusätzlich zu unserem Buch findest du im Anhang zwei Trainingspläne, die wir aus unserer persönlichen Erfahrung heraus zusammengestellt haben und die dir helfen, direkt durchzustarten. Entscheide dich, ob du fünf Kilometer am Stück oder erst mal nur 30 Minuten Durchlaufen angehen möchtest.

Ein guter Trainingsplan zeichnet sich außerdem durch die Ruhephasen aus, in denen sich dein Körper erholt und regeneriert. Du musst nicht jeden Tag Vollgas geben.

EIN GUTER TRAININGSPLAN IST AUSGEWOGEN

Immer wieder erwähnen wir im Buch, dass du nicht nur Laufen, sondern mit steigender Intensität auch andere Sportarten mit einbinden solltest. Regelmäßige Stabilisationsübungen und vor allem Ausgleichssport gehören dazu. Wenn du schon im Fitnessstudio oder beim Yoga bist, ist das klasse und dorthin solltest du auch weiterhin gehen. Somit gestaltest du dein Lauf- und Sportprogramm abwechslungsreicher. Damit du siehst, wie du deinen Trainingsplan abwechslungsreich gestalten kannst, haben wir dir auf der nächsten Seite einmal an unserem *5-Kilometer-Trainingsplan* beispielhaft zusammengestellt, wie so etwas aussehen könnte.

SO KÖNNTE DEINE BEISPIEL-TRAININGSWOCHE AUSSEHEN:

NEUES SMARTPHONE,
TEURE HANDTASCHEN,
SCHICKER NEUWAGEN
ODER EINE EIGENE YACHT?

THE BEST
investment
YOU WILL EVER MAKE
IS IN
yourself.

Kapitel 6

Laufstil

LAUFEN IST AUCH EINE *Stilfrage*

Je länger du läufst und je ausführlicher du dich mit dem gesamten Thema beschäftigst, desto öfter wird dir auffallen, dass nicht alle Menschen gleich laufen. Jeder von uns hat seinen eigenen Laufstil und eine bestimmte Körperhaltung dabei. Faktoren wie Fehlstellungen der Füße, Rückenprobleme oder auch unterschiedliche Beinlängen führen dazu, dass wir alle ganz unterschiedlich unterwegs sind. Der eine läuft mit großen Siebenmeilenstiefel-Schritten, die andere fast anmutig tänzelnd und wiederum ein anderer knickt mit den Fußgelenken nach innen ein.

Viele Menschen, die in ihrer Freizeit gerne joggen gehen, sind sich nicht darüber bewusst, wie wichtig der Laufstil für ihre körperliche Gesundheit, aber auch für ihre Geschwindigkeit ist. Ein gesunder Lauf-Lifestyle bedeutet nicht, dass du einfach drauflosläufst und die Strecke hinter dich bringst. Es bedeutet auch, dass du dich und deinen Laufstil von Zeit zu Zeit ganz genau beobachtest, ihn analysierst und stetig verbesserst.

In diesem Kapitel möchten wir dir einen kleinen Einblick in dieses umfangreiche Thema liefern. So kannst du bereits von Anfang an Fehler entdecken und sie dir abgewöhnen bzw. gar nicht erst angewöhnen. Im Anhang findest du zudem weiterführende Literatur, die dir hilft, tiefer ins Thema einzutauchen.

WARUM IST DER RICHTIGE  EIGENTLICH SO WICHTIG?

Laufen ist nicht nur Beinarbeit. Beim Laufen geht es darum, deinen ganzen Körper mit einzubinden. Darum ist es wichtig, den eigenen Laufstil von Zeit zu Zeit aufmerksam zu begutachten.

LEGE WERT AUF DEINEN LAUFSTIL

Das kann entweder durch eine Laufanalyse mit einem Video geschehen, das du zum Beispiel ganz einfach mit deinem Handy machen kannst, oder du bittest einen erfahrenen Lauffreund, dein Laufverhalten mal genauer unter die Lupe zu nehmen. Am zuverlässigsten ist es natürlich, wenn du direkt einen Profi konsultierst. Dafür gibt es extra Laufanalysen, die zum Beispiel Gesundheitszentren oder auch Laufschuhgeschäfte anbieten. Oder du besuchst das Training in einem Laufverein, denn diese führen ebenfalls regelmäßige Laufanalysen mit ihren Mitgliedern und häufig auch für interessierte Externe durch.

EIN GUTER LAUFSTIL VERBESSERT DIE EFFIZIENZ DEINES TRAININGS

Ein guter Laufstil verbessert nicht nur deine Körperhaltung und deine Bewegungsabläufe, sondern erhöht damit zusätzlich die Effizienz deines Trainings.

VERMEIDE FEHLER DURCH BEWUSSTES LAUFEN

Als Laufanfänger kannst du viele Fehler bereits vorab vermeiden, wenn du deinen Laufstil ganz genau beobachtest, einerseits durch eine Videoaufzeichnung, aber auch durch das bewusste Hineinspüren: Auf welcher Seite des Fußes trittst du zuerst auf oder läufst du vielleicht häufig mit hochgezogenen Schultern?

Klar, du wirst zu Beginn wahrscheinlich erst mal darauf konzentriert sein, überhaupt einen Kilometer zu meistern. Aber ein effizienter Laufstil sorgt unter anderem dafür, dass dir das Laufen auf Dauer leichter fällt. Laufgewohnheiten nachträglich zu korrigieren ist ein langwieriger Prozess. Mache es dir also gleich zu Beginn schon einfacher, auch wenn das zunächst ein wenig Konzentration erfordert.

SO OPTIMIERST DU DEINEN

Laufstil von Anfang an

Um von Anfang an deinen Laufstil zu optimieren, solltest du auf folgende Dinge achten: Körperhaltung, Handstellung, Armhaltung sowie Fuß- und Beinhaltung. Im Folgenden haben wir dir die wichtigsten Hinweise zum Laufstil zusammengestellt. Einmal gelesen, werden sie dir beim Laufen wie von selbst wieder in den Sinn kommen. Einige Haltungen sind sicher noch sehr ungewohnt – das ändert sich aber schnell!

ACHTE AUF EINE MÖGLICHST AUFRECHTE HALTUNG

Der Schwerpunkt des Körpers ist von seiner Geschwindigkeit abhängig. Bei jedem Schritt knickt die Hüfte ab. Darum solltest du versuchen, durch die Streckung deines Oberkörpers und einen möglichst aufrechten Lauf dein Becken nach vorne zu schieben. Du musst natürlich nicht kerzengerade laufen. Achte jedoch darauf, dass du keinen krummen Rücken machst. Ab und an hilft es, andere beim Laufen zu beobachten. Schau dir einfach mal YouTube-Videos von Profis an und achte auf ihre Haltung. Oder lass deinen Laufstil analysieren bzw. dich coachen (siehe Seite 122).

VERMEIDE ES, AUF DEN BODEN ZU SCHAUEN

Ein toller Trick, um mit einem möglichst geraden Oberkörper zu laufen: Blicke beim Laufen nicht zu Boden! Versuche, deinen Kopf aufrecht zu halten. Das ist gerade am Anfang nicht einfach. Viele Laufanfänger scheuen sich geradezu, den Blick nach vorne zu richten. Schließlich willst du nicht über deine Füße stolpern und bist vielleicht noch unsicher.

Um dich selbst auszutricksen und nicht ständig auf den Boden zu schauen, visiere einen Punkt an, der in etwa sechs Meter vor dir liegt. So entlastest du deine Nackenmuskulatur und läufst entspannter. Das verhindert auch, dass dein Kopf zu sehr nach links und rechts wackelt.

LAUFE IN DIE LÄNGE STATT IN DIE HÖHE

Vermeide es, hüpfend zu laufen! Das heißt, du sollst zwar aufrecht laufen, aber nicht nach oben, sondern nach vorne in die Länge. Das hört sich theoretisch seltsam an, aber probiere es aus. Es kommt ein wenig der Sprunglauf-Übung aus dem Lauf-ABC gleich, das du im nächsten Kapitel findest.

DIE BESTE ARMHALTUNG: DAS LÄUFER-DREIECK

Achte darauf, dass deine Arme beim Joggen nicht allzu sehr hin und her schlackern. Dabei sollten deine Ober- und Unterarme einen möglichst rechten Winkel bilden, die Handgelenke bleiben entspannt und bewegen sich nicht. In diesem Zustand pendeln deine Arme locker in Laufrichtung. Der Ellenbogen bewegt sich weit nach hinten. In dieser Haltung entsteht das sogenannte *Läufer-Dreieck*, das ein Anzeichen für einen guten Laufstil ist.

BLEIBE LOCKER IN DEN SCHULTERN

Bleibe locker – das gilt grundsätzlich, aber vor allem für deine Schultern. Achte darauf, sie bewusst zu entspannen, sonst kleben sie dir irgendwann an den Ohren und das führt zu verkrampften Muskeln und einem unrunden Laufstil.

NIE VERGESSEN: KRAFT- UND STABILITÄTS-ÜBUNGEN

Um deinen Laufstil zu optimieren, braucht es außerdem einen trainierten Körper. Damit meinen wir nicht, dass du zum Muskelpaket werden musst. Aber eine starke Muskulatur spiegelt sich in deinem Laufstil wider und verbessert deine läuferischen Fähigkeiten.

Darum solltest du zusätzlich Wert auf ein regelmäßiges Krafttraining legen und gezielt die Rumpf- und Beckenmuskulatur aufbauen. Im Läuferjargon wird von Stabi(lisations)-Übungen gesprochen. Sie verbessern deine Koordination und kräftigen verschiedene Körperpartien, die du zum Laufen brauchst.

SO KRÄFTIGST DU DEINE MUSKELN RICHTIG

Krafttraining stabilisiert deinen Laufstil und kräftigt deinen Körper. Außerdem bewirkt es, dass du weniger anfällig für Verletzungen bist. Mit den sogenannten Stabi-Übungen kannst du gezielt Muskelpartien trainieren, die du für das Laufen brauchst. Darum solltest du lieber zu früh als zu spät damit beginnen. Auf den folgenden Seiten findest du unsere acht Lieblingsübungen, die du regelmäßig – mindestens einmal die Woche – in dein Training einbauen solltest. Das Beste an unseren Übungen ist, dass du keine Geräte brauchst. Dein eigenes Körpergewicht wird dir mächtig einheizen.

Achte darauf, dass du die Bewegungen langsam und ohne Schwung ausführst. Vergiss nicht, während der Übungen zu atmen. Gerade bei Haltepositionen stockt einem gerne mal der Atem. Atme ein, wenn du eine Übung beginnst, und aus, wenn sie am anstrengendsten wird.

UNSERE ACHT LIEBLINGS-STABI-ÜBUNGEN

⏱ Starte am besten mit 10 Wiederholungen (pro Seite) und steigere dich nach und nach.

Kirschenpflücken

Lege dich auf den Rücken und strecke deine Arme und Beine nach oben aus. Führe jetzt immer langsam deine Hände zu den Zehen. Rolle den Oberkörper hoch und wieder runter. Schnell wirst du deine Bauchmuskeln spüren. Achte darauf, dass deine Schultern nicht den Boden berühren.
Dein Blick folgt deinen Händen.

Kicks in Rückenlage

Lege dich auf den Rücken und winkle die Beine im rechten Winkel an. Die Hände führst du zum Kopf und rollst den Oberkörper leicht auf, wie bei einem Sit-up. Du hältst deinen Oberkörper oben und streckst nun deine Beine abwechselnd nach vorne aus und ziehst sie wieder heran.

Fersenheber

Nimm die Vierfüßlerstellung ein, dein Blick geht zum Boden. Führe ein gebeugtes Bein nach oben und wieder zurück. Schön langsam, damit es ordentlich zieht. Wechsle nach mehreren Wiederholungen das Bein.

Scheibenwischer

Lege dich auf den Rücken. Hebe die gebeugten Beine, strecke die Arme zur Seite aus. Bewege nun die angewinkelten Beine abwechselnd und langsam nach links und rechts bis auf den Boden. Achte darauf, dass deine Schultern am Boden bleiben. Deinen Kopf bewegst du entgegen der Beinrichtung.

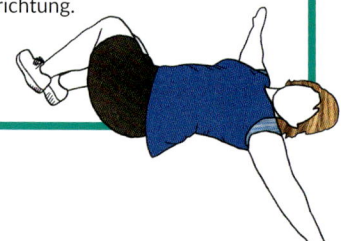

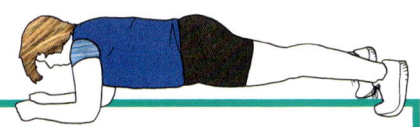

Unterarmstütz

Lege dich auf den Bauch und stütze den Oberkörper auf die Unterarme auf. Deine Beine sind in etwa hüftbreit auseinander ausgestreckt und du hast die Zehenspitzen aufgestellt. Um Spannung aufzubauen hebst du Becken und Knie vom Boden ab und hältst diese Position ohne Absenken. Achte dabei auf die Rumpfspannung und darauf, dass du möglichst in der Waagerechten bleibst und die Knie nicht ganz durchstreckst. Der Po darf nicht durchhängen, der Nacken bleibt möglichst entspannt.

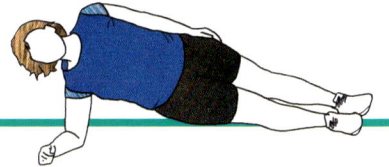

Seitstütz

Die Seitenstütze sind eine schöne Variation des Unterarmstütz. Nimm dafür die Seitenlage ein und stütze dich mit angewinkeltem Unterarm ab, der Ellenbogen befindet sich direkt unter der Schulter, deine Beine sind leicht gebeugt und deine Knie liegen genau übereinander. Hebe die Hüfte und strecke deinen Körper durch, damit er eine Linie bildet. Bauch-und Rückenmuskeln sind angespannt. Der obere Arm liegt auf der Hüfte. Halte die Position ohne Abzusetzen. Wechsle dann die Seite.

Beinheber aussen

Begib dich in die Seitenlage, winkle dein unteres Bein leicht an und stütze dich auf dem Bein und deinem unteren Arm ab. Hebe dein oberes Bein gestreckt nach oben und senke es langsam wieder. Du kannst die Übung durch die Geschwindigkeit, in der du das Bein hebst und senkst, intensivieren. Dein Kopf kann zum Bein schauen. Werde nicht zu schnell.

Liegestütz

Nimm die Ausgangsposition für den klassischen Liegestütz ein. Wenn dir das zu schwerfällt, stütze die Knie am Boden ab. Senke nun deinen Oberkörper durch das Beugen der Arme. Dabei achte darauf, dass dein Rumpf stabil bleibt, indem du die Bauchmuskeln anspannst. Drücke dich dann wieder hoch.

DER GROSSE STILHELFER: Das Lauf-ABC

Das Lauf-ABC, auch Laufschule genannt, kennst du vielleicht vom Schulsport. Was damals noch echt genervt hat, ist für ein ausgewogenes Lauftraining heute unerlässlich. Wir stellen dir zehn wichtige Technikübungen vor. Mit diesen verbesserst du deinen Laufstil, deine Koordination und beugst Verletzungen vor.

Das Lauf-ABC sollte fester Bestandteil deines Trainings sein und regelmäßig durchgeführt werden. Optimal wäre einmal pro Woche. Wir wissen natürlich, dass das am Anfang sehr viel ist, aber wenn du erst mal im Lauf-Flow bist und dir ein richtiges Trainingsziel gesteckt hast, ist es sinnvoll, die Übungen regelmäßig einzubinden. Du kannst sie zum Beispiel einfach an eine Laufeinheit dranhängen. Am besten führst du dabei alle Übungen hintereinander aus.

Wenn du das Lauf-ABC regelmäßig machst, wirst du schnell merken, dass sich die Übungen auszahlen. Dein Laufstil verbessert sich spürbar, du bist viel harmonischer unterwegs, und das Training hat sogar Auswirkungen auf deine Geschwindigkeit.

Kleiner Geheimtipp: Probiere das Lauf-ABC nach den ersten Malen barfuß aus. Das ist ein tolles Gefühl!

SO FUNKTIONIERT DAS LAUF-ABC

1. WÄRME DICH AUF

Wenn du das Lauf-ABC nicht direkt nach einer Trainingseinheit einbaust, sondern als Einzeltraining durchführst, solltest du dich zunächst fünf bis zehn Minuten locker aufwärmen und einlaufen. Nach dem Training läufst du dich dann wieder locker aus.

2. SUCHE DIR EINEN WEICHEN UNTERGRUND

Ideal zur Durchführung wäre ein Rasenplatz, eine Tartanbahn oder Waldboden. Weicher Boden schont deine Gelenke. Es kann schon auch passieren, dass du beim ersten Mal bei der einen oder anderen Übung stolperst, aber dauerhaft schult das Laufen auf weichem Untergrund den Gleichgewichtssinn.

3. FÜHRE MEHRERE DURCHGÄNGE DURCH

Am effektivsten ist das Lauf-ABC, wenn du die Übungen mehrmals durchführst. Du kannst bis zu drei Durchgänge pro Übung oder alle nacheinander machen.

DIE ÜBUNGEN DES LAUF-ABCS

◷ Starte am besten mit 10 Wiederholungen (pro Seite) und steigere dich nach und nach.

Fussgelenksarbeit

Du führst die Knie abwechselnd nur leicht nach oben und drückst dabei deinen Fuß so durch, dass die Fußspitze des gehobenen Beines in Bodenrichtung zeigt. Beim Aufsetzen wird der Vorfuß als Erstes aufgesetzt. Die Ferse berührt den Boden nur kurz. Das Gleiche machst du anschließend mit dem anderen Fuß.

Diese Übung erfolgt dann im schnellen Wechsel. Achte aber darauf, die Übung korrekt auszuführen. Mache kleine Schritte, bei denen du das Gefühl hast, beinahe auf der Stelle zu treten. Deine Arme sind angewinkelt und bewegen sich mit.

Sprunglauf

Beim Sprunglauf geht es ums Laufen in die Weite. Er ähnelt dem normalen Laufen, nur dass du dich dabei kraftvoll abstößt. Drücke dich stark mit dem Vorfuß ab und versuche eine besonders lange Flugphase auszuführen. Übertreibe dabei ruhig!

Strecke das hintere Bein durch, das andere Bein schwingt weit nach vorne. Dein Oberkörper ist leicht nach vorne gebeugt. Spanne ihn an und achte darauf, deine Arme aktiv mitzubewegen.

Führe die Sprungläufe auf einer geraden Strecke von mindestens 100 Metern aus.

Rückwärtslauf

Versuche dich mal daran, gute 100 Meter rückwärts zu laufen. Du trittst mit dem Vorfuß auf und rollst über den Rückfuß ab. Das schult den Gleichgewichtssinn.

Übrigens: Der Weltrekord im Rückwärtslaufen liegt bei 39:20 Minuten auf 10 Kilometer.

Hopserlauf

Hopserlauf macht Spaß! Achte dabei auf eine aufrechte Haltung, die Hüfte ist gestreckt.
Die Arme schwingen mit, während du das Knie abwechselnd kraftvoll nach oben ziehst und dabei läufst.

Seitliche Nachstellschritte

Dein Körper steht seitlich zur Laufrichtung, deine Arme stützt du in die Hüfte oder streckst sie vom Körper weg. Du springst nun seitlich in eine Richtung weiter. Dabei ziehst du immer ein Bein vor, das andere Bein führst du nach. Bleibe dabei aufrecht und achte auf kleine, aber schnelle Schritte. Zurück wechselst du das Bein.

Diese Übung kannst du auf einer geraden Strecke zwischen 30 bis 50 Metern ausführen.

Steigerungslauf

Suche dir eine Strecke von 80 bis 150 Metern.
Diese kann gerne auch leicht bergauf gehen, um die Übung zu intensivieren.
Starte den Steigerungslauf mit einem leichten Traben, steigere dich dann
von einem langsamen Lauftempo bis zum Sprint.

Kniehebelauf

Den Kniehebelauf kannst du entweder auf der Stelle ausführen
oder auf einer Strecke von 30 bis 50 Metern Länge.

Dafür ziehst du die Knie beim Laufen mit einer schnellen Schrittfrequenz
höher als gewöhnlich. Bringe die Oberschenkel dabei in die Horizontale
und achte darauf, dass du dein Becken leicht nach vorne kippst.

Fussgelenkslauf

Du setzt zuerst den vorderen Fuß mit dem Ballen auf. Die Ferse berührt leicht den Boden. Der nächste Schritt folgt mit dem betonten Abdruck über den Ballen. Dieser Ablauf erfolgt eher federnd. Dein Blick ist geradeaus gerichtet, deine Arme schwingen mit.

Anfersen

Das Anfersen kann auf der Stelle oder auf einer Strecke von 30 bis 50 Metern durchgeführt werden. Deine Fersen schwingen beim Laufen abwechselnd gegen dein Gesäß.

Achte auf eine gestreckte Hüfte und dass dein Oberkörper gerade ist.

Überkreuzen

Du läufst seitlich und überkreuzt die Beine abwechselnd vor und hinter deinem Körper. Die Drehung erfolgt dabei nur aus der Hüfte. Dein Oberkörper bleibt seitlich zur Laufrichtung, die Arme streckst du seitlich aus, um die Balance zu halten.

Laufe so zwischen 30 bis 50 Meter.

DEINE COUSINE,
DEIN ARBEITSKOLLEGE,
DIE HAHNER TWINS
ODER USAIN BOLT.

ES GEHT BEIM LAUFEN
NICHT DARUM, *besser* ALS
JEMAND ANDERES ZU SEIN.
ES GEHT DARUM, *besser*
ALS DEIN
früheres Ich
ZU SEIN.

Kapitel 7

Setze dir Ziele

WOHIN DES

Jeder Lauf hat einen Anfang und ein Ziel. Den Anfang deiner persönlichen Lauf-Reise hast du in dem Moment gemacht, in dem du einfach losgelaufen bist. Nach und nach hast du dir langsam aber sicher einen ersten Plan zusammengeschustert. Das Ziel für die ersten Läufe war es, dich immer wieder aufzuraffen, die Läufe genießen zu lernen und dich anschließend ziemlich k.o., aber hervorragend zu fühlen.

Auch wenn es dir manchmal schwerfällt, ziehst du Laufeinheit für Laufeinheit durch und kommst mit der Zeit in eine richtige Routine. Und irgendwann stehst du morgens in deinen Laufschuhen und hegst nicht mehr den geringsten Zweifel, ob du darauf jetzt wirklich Lust hast oder nicht.

Der Lifestyle macht dir von Mal zu Mal mehr Spaß und du beginnst deine Mitmenschen mit deiner Motivation anzustecken. Und das ist großartig!

Der Anfang ist nun also gemacht, aber da geht noch mehr!

Wahrscheinlich hast du bereits ein grobes Ziel vor Augen, einen Umriss, der irgendwo in weiter Ferne schwebt und noch nicht so wirklich greifbar ist. In diesem Kapitel schauen wir uns dieses Ziel ganz genau an. Egal wie vage oder noch nicht richtig existent dein Ziel ist – wir bringen nun gemeinsam Licht ins Dunkel und dich auf die Startbahn zum Erfolg!

WAS IST DEIN PERSÖNLICHES *Ziel?*

Wie du schon aus dem zweiten Kapitel weißt, ist es für den Laufeinstieg unerlässlich, ein Ziel zu haben, das über *Ich will fit werden/ Ausdauer aufbauen/abnehmen* hinausgeht (siehe ab Seite 32). Führe dir dieses Ziel immer wieder glasklar vor Augen, damit du die Motivation zum Sporttreiben nicht schneller verlierst, als dir lieb ist. Hier sprechen wir definitiv aus Erfahrung. Wann immer dich dein innerer Schweinehund beim nächsten verregneten Lauftag fragt: *Warum machst du das überhaupt? Warum tust du dir das an?!*, solltest du die überzeugende Antwort parat haben! Wichtig ist außerdem, dass du dir einen genau definierten Zeitrahmen setzt.

Nur so kannst du dir einen Plan erstellen, der dich zuverlässig zum Ziel führt.

WAS IST DEIN WAHRES ZIEL?

Erinnere dich: Was genau möchtest du mit dem Laufen erreichen? Wieso möchtest du es erreichen und vor allem bis wann? Hast du noch immer das Ziel vom Anfang vor Augen oder hat sich etwas verändert? Es ist wichtig, dass du das von Zeit zu Zeit überprüfst. Definiere dein Ziel also noch einmal so anschaulich wie möglich und schreibe es auf! Am besten JETZT! Als kleine Hilfe fülle diese Sätze mit deinen Worten aus:

ICH MÖCHTE _____

UND DAS BIS ZUM _____ **ERREICHEN.**

ICH MACHE ES, UM _____

_____ .

UM DAS ZU SCHAFFEN, WERDE ICH FOLGENDES TUN:

_____

_____ .

ICH WERDE ALLES DAFÜR TUN, MEIN ZIEL ZU ERREICHEN UND MICH _____ **ZU FÜHLEN.**

SO KÖNNTEN DEINE ANTWORTEN AUSSEHEN:

ICH MÖCHTE _an einem 10-Kilometer-Lauf teilnehmen._

UND DAS BIS ZUM _22. Oktober_ **ERREICHEN.**

ICH MACHE ES, UM _es mir selbst zu beweisen und um beim Wandern nicht mehr so schnell aus der Puste zu sein._

UM DAS ZU SCHAFFEN, WERDE ICH FOLGENDES TUN:
Ich habe mir einen Trainingsplan zusammengestellt und werde dienstags, donnerstags und sonntags laufen gehen.

ICH WERDE ALLES DAFÜR TUN, MEIN ZIEL ZU ERREICHEN UND MICH _sensationell & fit_ **ZU FÜHLEN.**

Kein Scherz: Sobald du dein Ziel schwarz auf weiß und so spezifisch wie möglich festgehalten hast, checkt dein Kopf auch: *Hey, der/die meint es wirklich ernst!*

Klebe dir deinen frisch verfassten Ziel-Zettel am besten dorthin, wo du ihn am häufigsten sehen kannst. Das kann an der Haustür sein, am Kühlschrank, deinem Computerbildschirm oder auch am Spiegel. Zur maximalen Motivation kannst du auch gleich mehrere Zettel in der Wohnung verteilt aufhängen und dich so an allen Ecken erinnern lassen. Dadurch hast du dein Ziel nicht nur mental, sondern auch physisch immer vor Augen und bleibst voller Elan.

NIMM DIR ZEIT FÜR DEINE ZIELSETZUNG

Stelle dir nun vor, wie es sich wohl anfühlt, wenn du dein Ziel endlich erreicht hast! Großartig, oder?

Nimm dir ein paar Minuten Zeit und schicke deine Gedanken auf eine kleine Zeitreise: Wo wirst du dein Ziel erreichen, wie wirst du dich fühlen, welche Musik wirst du dabei hören und womit wirst du dich im Anschluss belohnen? Male dir die Szene ganz genau aus und bade in der Vorstellung: Wenn du anfängst zu lächeln, weil es sich so gut anfühlt, hast du alles richtig gemacht.

Nun liegt es also an dir: Finde dein Ziel und male es dir richtig schön aus!

NIMM AN EINER *Laufveranstaltung* TEIL

Hast du schon einmal einen Marathon im Fernsehen verfolgt oder die letzte Sommerolympiade? Du kennst die Bilder von Laufenden, die überwältigt die Ziellinie passieren und ihre Medaille entgegennehmen. Genau diesen Moment möchtest du auch erleben? Dann melde dich zu einem Laufevent in deiner Nähe an!

FINDE DAS FÜR DICH PASSENDE LAUFEVENT

Mit der Anmeldung zu einer Laufveranstaltung setzt du dir genau das Ziel, von dem wir hier reden: Es ist konkret und es gibt einen festen Termin. So kannst du dich perfekt darauf vorbereiten. Wichtig ist, dass du nicht gleich übertreibst, sondern dir genau überlegst, welches Ziel realistisch ist, sprich, wie viel Zeit dir für das Training bleibt. Gerade wenn du erst mit dem Laufen angefangen hast, sind Laufevents definitiv eine große Motivationshilfe, um dranzubleiben und sich nach und nach zu steigern.

Mittlerweile gibt es Laufveranstaltungen wie Sand am Meer, nur dass sie natürlich um einiges vielfältiger sind. Egal ob Stadtlauf, Trail oder Crossevents – selbst Frauenläufe gibt es. Da ist für jeden Geschmack und jedes Level etwas dabei. Immer beliebter werden Staffel- und Firmenläufe, die schon mit einer Distanz von fünf Kilometer locken. Ein realistisches Ziel, für das du sogar in deinem Betrieb werben kannst.

VERBINDE LAUFEN MIT REISEN ODER GAR URLAUB

Zwei weitere Vorteile, die wir toll finden: Laufevents sind eine gute Ausrede zum Reisen. Du kannst einen Wettbewerb ganz praktisch mit einem Städtetrip verbinden und so deine Liebsten gleich mitnehmen. Sowohl unterwegs als auch daheim lernst du außerdem immer auch andere Laufbegeisterte kennen. Du kannst dich austauschen und gemeinsam mit ihnen den Lauf antreten.

FEIERE DICH UND DEINEN LAUFERFOLG

Laufveranstaltungen ähneln fast schon kleinen Volksfesten, und die Stimmung entlang der Strecke ist grandios. Das pusht und mit dem Überqueren der Ziellinie beschenkt dich dein Körper mit einem wahren Endorphin-Fest. Auch die Medaille und das Finisher-Shirt sind tolle Belohnungen für all die Anstrengungen – und zwei äußerliche Zeichen, die bleiben.

BRINGE *Abwechslung* IN DEIN LAUFTRAINING

Laufen ist nicht alles! Laufen allein kann nach einer Weile etwas langweilig werden und du verlierst vielleicht ein langfristiges Ziel aus den Augen. Darum solltest du immer wieder Schwung in dein Training bringen. Das gelingt dir mit Ausgleichssport und/oder Ergänzungstraining.

Ein weiterer Grund für Abwechslung: Beim reinen Lauftraining beanspruchst du deinen Körper sehr einseitig. Du trainierst deine Beine zwar intensiv, aber der Oberkörper kommt dabei zu kurz. Darum ist es wichtig, mit entsprechendem Ergänzungssport sogenannten Disbalancen entgegenzuwirken. Beim Laufen solltest du viel für eine stabile Rückenmuskulatur tun. Krafttraining und Dehnungen, die dein gesamtes Muskelsystem trainieren, sollten ein bis zwei Mal die Woche obligatorischer Bestandteil des Trainings sein. Im Kapitel *Laufstil* findest du unsere Lieblings-Stabilisations-Übungen.

Darüber hinaus verringern zusätzliche Sportarten das Verletzungsrisiko, da du alle Muskelgruppen deines Körpers gleichmäßig entwickelst und trainierst.

Wahrscheinlich war es gerade zu Beginn nicht einfach, regelmäßiges Lauftraining in deinem Alltag zu etablieren und nun sollst du sogar noch mehr Sport machen? Es hört sich erst mal schlimmer an, als es ist. Die Ausgleichssportarten, die wir dir vorschlagen, kannst du kinderleicht in deinen Alltag integrieren. Oder du tauschst sie ab und an gegen eine Laufeinheit aus.

FÜR ZU HAUSE ODER IM STUDIO: KRAFTTRAINING

Wer bei dem Wort Krafttraining an muskelbepackte Fitnessstudiogänger denkt, liegt falsch. Wer läuft, kann sich sein eigenes kleines Krafttrainingsprogramm basteln, vor allem, um die beim Laufen vernachlässigte Rumpfmuskulatur, aber auch den Gesäß- und Hüftbereich zu kräftigen. Krafttraining ist eine tolle Ergänzung und lässt dich gezielt an deinen Schwachstellen arbeiten.

Das Schöne am Krafttraining? Du kannst es immer und überall machen, zum Beispiel abends vor dem Fernseher. Kleinere Übungen, die oft als Stabilisationsübungen bezeichnet werden, funktionieren herrlich beim Telefonieren. Kein Grund also, sie immer wieder aufzuschieben. Wenn du nur ungerne allein trainierst, hol dir die nötige Motivation im Fitnessstudio deiner Wahl. Auch Fitness-Apps liefern dir ausreichend Input fürs private Trainingsprogramm.

SUPER FÜR DIE AUSDAUER: FAHRRADFAHREN

Es gibt keine einfachere Sportart für den Alltag als das Fahrradfahren. Schließlich musst du von A nach B kommen. Verzichte doch einfach ab und an auf die öffentlichen Verkehrsmittel oder dein Auto und greife stattdessen zum Rad. Wechselkleidung kommt in den Rucksack und los geht´s.

Fahrradfahren ist nicht nur gut für die Umwelt, sondern auch für dich und deinen Körper. Im Fahrradsattel trainierst du deine Ausdauer und kräftigst deine Oberschenkelmuskulatur bei geringer Belastung der Bänder, Sehnen und Gelenke.

Und das Beste am Fahrradfahren: Du sparst Geld für die öffentlichen Verkehrsmittel oder das Benzin, bist an der frischen Luft und kommst schon morgens mit guter Laune an. Schließlich weißt du schon vom Laufen, dass Sport an der frischen Luft jede Menge Glückshormone freisetzt.

DIE GESÜNDESTE ALLER SPORTARTEN: SCHWIMMEN

Schwimmen ist ein optimales Ganzkörpertraining und eine der gesündesten Sportarten überhaupt. Es fördert deinen Gleichgewichtssinn und die Beweglichkeit. Damit stellt es den richtigen Ausgleich zum Laufen dar und schont zudem deine Gelenke. Gerade bei intensiven Trainingsperioden ist dies ein nicht unbedeutender Aspekt. Außerdem hat Schwimmen einen sehr entspannenden Effekt: Du gleitest durchs Wasser und kannst abschalten.

Schwimmen kannst du außerdem prima als akzeptable Ausrede benutzen, um dich bei schlechtem Wetter vorm Laufen zu drücken. Draußen stürmt, regnet oder schneit es? Ab ins Schwimmbad! Noch besser: Du läufst trotzdem hin und zurück!

Oft ist ein Schwimmbadbesuch nicht immer günstig. Darum empfiehlt es sich, nach Sonderpreisen für Früh- und Spätschwimmer zu schauen. Oder lass dir zum Geburtstag oder zu Weihnachten eine Zehnerkarte schenken.

BALSAM FÜR KÖRPER UND SEELE: YOGA

Für viele, die laufen, ist Yoga genau die perfekte Ergänzung zu ihrem normalen Trainingsprogramm. Yoga dehnt sanft die Muskulatur, beugt Verletzungen vor und löst Verspannungen. Gezielte Körper- und Atemübungen führen dich in einen Zustand der körperlichen und geistigen Entspannung.

Yoga ist mehr als das simple *Rumturnen auf einer Matte*. Yoga kann viel an deiner Einstellung zu dir und deinem Körper verändern. Du lernst, geduldig mit dir selbst zu sein. Yoga lehrt Achtsamkeit, die sich auch beim Laufen auszahlt.

Bei YouTube findest du viele Yoga-Tutorials für Einsteiger und Fortgeschrittene, die dir Inspiration für die heimische Sportmatte bieten. Unsere Lieblings-Yoga-Kanäle findest du am Ende des Buchs. Doch zu Beginn empfiehlt es sich, ein nettes Studio in der Nähe aufzusuchen. So kannst du sicher sein, dass du die Atem- und vor allem Körperübungen unter professioneller Anleitung richtig auszuführen lernst.

Mache dich mit mehr *Bewegung im Alltag* noch fitter fürs Laufen

Mittlerweile könnte es dein Mantra sein: Mache Sport zur Gewohnheit! Betrachte Sport nicht als nerviges Übel, sondern als tägliche Wohlfühl-Routine, die dir guttut. Morgens aufstehen und auf die Yogamatte kullern könnte zum Beispiel so eine sein. Plane Sport so natürlich in deinen Alltag ein, wie du auch dein Abendessen zubereitest. Verbinde zum Beispiel dein Workout mit anderen Aktivitäten oder schnapp dir Freunde zur Unterstützung. Wir haben dir einige kleine Tipps zusammengestellt, die ganz leicht für mehr Bewegung in deinem Alltag sorgen.

NUTZE JEDE MÖGLICHKEIT FÜR EINFACHES KRAFTTRAINING

Egal, ob du die Getränkekiste für die nächste Party in den vierten Stock schleppst oder Pakete, die deine Kolleginnen immer von Männern wuchten lassen: Nutze solche Gelegenheiten. Das bringt Muckis und Abwechslung. Gerade, wenn du viel sitzt und dich nur wenig bewegst, solltest du jede Trainingsmöglichkeit wahrnehmen, die sich bietet.

GEH DOCH EINFACH ÖFTER ZU FUSS

Steige doch einfach mal eine Station vor deinem eigentlichen Ziel aus dem Bus, der S-Bahn oder der Straßenbahn aus und lege den Rest des Weges zu Fuß zurück.

STEHE ÖFTER, SITZE WENIGER

… gilt für dich ab heute in den Öffis. Das stärkt die Beinmuskulatur und deinen Gleichgewichtssinn.

STARTE DEIN FITNESSPROGRAMM BEIM ZÄHNEPUTZEN

Was hältst du davon, einfach mal zehn Kniebeugen beim Zähneputzen zu machen? Deine Oberschenkel werden es dir danken.

GEH ÖFTER SPAZIEREN

Spazierengehen ist etwas für Rentner? Na, warum gehen sie denn spazieren? Zum Frischluft tanken, vom Sofa runterkommen, Verdauen und Abschalten. Alles Aspekte, die den Alltag bereichern.

SPANNE DEN PO ZWISCHENDURCH AN

Du wartest auf dein Teewasser oder deinen Kaffee? Jetzt den Po 10 bis 15 Sekunden anspannen. Eignet sich auch gut für das Warten in anderen Situationen und am Arbeitsplatz.

BENUTZE DIE TREPPE

Nicht neu, aber effektiv! Egal in welchen Stock du musst, Lift oder Rolltreppen werden von nun an ignoriert.

MACHE DICH SO RICHTIG LANG

Morgens nach dem Aufwachen oder vorm Einschlafen – dehne und strecke dich ausgiebig im Bett. Sei sanft und nimm dir die Zeit, in dich hineinzufühlen: Was tut gut, wo zieht es, welche Regionen im Körper sind vielleicht verspannt und welche entspannt? Schon wenige Minuten am Tag helfen dir, eine bessere Verbindung zu deinem Körper aufzubauen und dich wohler zu fühlen.

TRIFF DICH ZUM SPORT, STATT ZUM KAFFEE

Statt dich mit deinen Freunden zum Kaffeetrinken zu treffen, könnt ihr euer Zusammenkommen auch aktiv gestalten! Probiert gemeinsam neue Sportarten aus wie etwa Klettern, Volleyball oder Squash. Spaß und Schwitzen garantiert!

POWER DICH BEIM SERIEN-MARATHON AUS

Du erwischst dich mal wieder beim Serien-Marathon auf der Couch? Statt auf der faulen Haut rumzuliegen, nutze die Zeit für eine Runde Kraftübungen! Im Anhang findest du einige tolle Apps dafür.

DAS KUSCHELIGE BETT.
DIE BEQUEME COUCH.
DAS STARREN DER ANDEREN.

Dein einziges Limit bist du!

cool-down

Du hast es geschafft und gemeinsam erreichen wir das letzte Kapitel: Das Cool-down. Zeit, durchzuatmen, den Kreislauf herunterzufahren und auf die Lektionen zurückzublicken.

Wir haben dir alles, was du für deinen erfolgreichen Start zum Laufen brauchst, an die Hand gegeben. Du weißt nun, warum du wirklich laufen willst, wie du so richtig durchstartest und wie du es schaffst, dich auch in lustlosen Phasen zum Laufen zu motivieren. Für viele Themen gibt es weiterführende Literatur, das Internet hält unendlich viel davon für dich parat.

Vor allem wollen wir aber, dass du immer wieder aufs Neue den ersten Schritt vor die Haustür setzt! Dass du deine Laufstrecke mit einem strahlenden Lächeln eroberst und dass Laufen nach und nach zu einer Gewohnheit wird, die du nicht mehr missen willst. Wir wünschen uns, dass Laufen dein Leben ebenso bereichert, wie es unseres bereichert. Sei es, um sich körperlich wieder fitter zu fühlen, sei es, um eine gesunde und bewusste Ernährung sinnvoll zu ergänzen, oder einfach nur, um an der frischen Luft aktiv zu sein. Laufen bringt Menschen zusammen und erweitert deinen Horizont. Laufen wird dich als Person stärker machen und dir eine Lebensweise näherbringen, die dein Leben vielseitig inspiriert.

All das kommt Schritt für Schritt. Übernimm dich nicht. Starte langsam, lass dir und deinem Körper Zeit – und das Wichtigste: Hab Spaß dabei! Und zwar jede Menge.

You are ready to Run!

Now!

Anhang

UNSERE *Trainingspläne*
ZUM SOFORT-LOSLAUFEN

Zu einem richtigen Laufeinstieg gehört neben deiner Motivation und einem guten Paar Laufschuhe vor allem eins: der richtige Trainingsplan. Damit du direkt loslegen kannst, haben wir dir zwei Pläne mit unterschiedlichen Zielen erstellt. Auf → getreadytorun.de/trainingsplan kannst du dir beide Trainingspläne als PDF-Dateien zum Ausdrucken herunterladen. Außerdem erhältst du unsere praktische Trainingsplan-Vorlage, in die du deine Trainingseinheiten und Ergebnisse notieren kannst.

TRAININGSPLAN FÜR ABSOLUTE ANFÄNGER: 30 MINUTEN AM STÜCK IN ACHT WOCHEN

Dieser Trainingsplan ist genau richtig, wenn du noch gar keine Lauferfahrung hast und nun durchstarten möchtest. Das Ziel sind 30 Minuten Joggen ohne Pause. Der Plan bereitet dich sanft mit einem Wechsel aus Gehen und Laufen darauf vor.

TRAININGSPLAN FÜR FORTGESCHRITTENE: FÜNF KILOMETER IN ACHT WOCHEN

Du verfügst bereits über eine gewisse Grundfitness, weil du beispielsweise regelmäßig Fahrrad fährst oder ins Fitnessstudio gehst? Super, dann ist dieser Plan der richtige für dich. Der 5-Kilometer-Trainingsplan verzichtet auf das Wechselspiel aus Gehen und Laufen und konzentriert sich auf die zurückgelegten Kilometer.

Wenn du zuvor den 30-Minuten-Laufen-Trainingsplan absolviert hast, kannst du bei diesem Plan direkt in Woche fünf einsteigen.

SO BENUTZT DU DIE TRAININGSPLÄNE

Sowohl mit dem 5-Kilometer-Trainingsplan als auch mit dem 30-Minuten-am-Stück-Trainingsplan trainierst du insgesamt acht Wochen. Davon solltest du keine Woche überspringen oder auslassen. Du startest mit zwei Läufen in der Woche, danach erhöhen sich Belastung und Trainingseinheiten.

Denk daran, dass dein Körper Zeit benötigt, um sich an die Belastung zu gewöhnen, und plane ausreichend Regenerationszeit ein. Absolviere also keine Läufe an zwei aufeinanderfolgenden Tagen. Übersteige das Laufpensum am Anfang nicht, selbst wenn du das Gefühl hast, dass mehr gehen könnte. Demotivation oder Übertraining könnten die Folge sein.

Wärme dich vor jedem Lauf kurz auf, damit sich deine Muskeln und Gelenke auf das Training einstellen können.

Laufen und Gehen im Wechsel: In der Einstiegsphase solltest du möglichst entspannt joggen. Immer schön locker bleiben. Mit steigender Intensität erhöhst du nach und nach auch dein Lauftempo. Die Zeitwerte sind nur Richtwerte. Auch wenn sie dir am Anfang sehr langsam erscheinen, versuche dich in etwa danach zu richten. Wenn du jedoch außer Atem kommst, laufe langsamer.

Dauerlauf: Starte entspannt und halte ein gleichmäßiges Tempo. Wenn du nicht alleine läufst, findest du das richtige Tempo, wenn du beim Laufen noch sprechen kannst.

TRAININGSPLAN: 30-MINUTEN-AM-STÜCK

			TRAININGSWOCHE 1			
MO	**DIENSTAG**	**MI**	**DONNERSTAG**	**FR**	**SA**	**SONNTAG**
	10 Min schnelles Gehen **5 x 2 Min Laufen** dazwischen je 2 Min Gehpausen		10 Min schnelles Gehen **5 x 3 Min Laufen** dazwischen je 2 Min Gehpausen			

			TRAININGSWOCHE 2			
MO	**DIENSTAG**	**MI**	**DONNERSTAG**	**FR**	**SA**	**SONNTAG**
	10 Min schnelles Gehen **3 x 5 Min Laufen** dazwischen je 2 Min Gehpausen		10 Min schnelles Gehen **5 x 3 Min Laufen** dazwischen je 2 Min Gehpausen			

			TRAININGSWOCHE 3			
MO	**DIENSTAG**	**MI**	**DONNERSTAG**	**FR**	**SA**	**SONNTAG**
	5 Min schnelles Gehen **4 x 5 Min Laufen** dazwischen je 2 Min Gehpausen		5 Min schnelles Gehen **3 x 7 Min Laufen** dazwischen je 2 Min Gehpausen			5 Min schnelles Gehen **3 x 7 Min Laufen** dazwischen je 2 Min Gehpausen

			TRAININGSWOCHE 4			
MO	**DIENSTAG**	**MI**	**DONNERSTAG**	**FR**	**SA**	**SONNTAG**
	3 x 8 Min Laufen dazwischen je 1:30 Min Gehpausen		**3 x 8 Min Laufen** dazwischen je 1:30 Min Gehpausen			**15 Min Dauerlauf** ohne Gehpausen

TRAININGSWOCHE 5

MO	DIENSTAG	MI	DONNERSTAG	FR	SA	SONNTAG
	3 x 9 Min Laufen dazwischen je 1:30 Min Gehpausen		3 x 9 Min Laufen dazwischen je 1:30 Min Gehpausen			20 Min Dauerlauf ohne Gehpausen

TRAININGSWOCHE 6

MO	DIENSTAG	MI	DONNERSTAG	FR	SA	SONNTAG
	3 x 10 Min Laufen dazwischen je 1 Min Gehpausen		3 x 10 Min Laufen dazwischen je 1 Min Gehpausen			20 Min Dauerlauf ohne Gehpausen

TRAININGSWOCHE 7

MO	DIENSTAG	MI	DONNERSTAG	FR	SA	SONNTAG
	20 Min Dauerlauf ohne Gehpausen		20 Min Dauerlauf ohne Gehpausen			25 Min Dauerlauf ohne Gehpausen

TRAININGSWOCHE 8

MO	DIENSTAG	MI	DONNERSTAG	FR	SA	SONNTAG
	25 Min Dauerlauf ohne Gehpausen		25 Min Dauerlauf ohne Gehpausen			30 Min Dauerlauf ohne Gehpausen

TRAININGSPLAN: 5-KILOMETER-AM-STÜCK

TRAININGSWOCHE 1

MO	DIENSTAG	MI	DONNERSTAG	FR	SA	SONNTAG
	5 Min schnelles Gehen **1 km Laufen** in ca. 10 Min		5 Min schnelles Gehen **1 km Laufen** in ca. 10 Min			

TRAININGSWOCHE 2

MO	DIENSTAG	MI	DONNERSTAG	FR	SA	SONNTAG
	5 Min schnelles Gehen **1 km Laufen** in ca. 9 Min		5 Min schnelles Gehen **1 km Laufen** in ca. 8 Min			

TRAININGSWOCHE 3

MO	DIENSTAG	MI	DONNERSTAG	FR	SA	SONNTAG
	5 Min schnelles Gehen **1,5 km Laufen** in ca. 13 Min		5 Min schnelles Gehen **1,5 km Laufen** in ca. 13 Min			

TRAININGSWOCHE 4

MO	DIENSTAG	MI	DONNERSTAG	FR	SA	SONNTAG
	5 Min schnelles Gehen **2 km Laufen** in ca. 16 Min		5 Min schnelles Gehen **2 km Laufen** in ca. 16 Min			5 Min schnelles Gehen **3 km Laufen** in ca. 24 Min

TRAININGSWOCHE 5

MO	DIENSTAG	MI	DONNERSTAG	FR	SA	SONNTAG
	5 Min schnelles Gehen **3 km Laufen** in ca. 24 Min		5 Min schnelles Gehen **3 km Laufen** in ca. 23 Min			5 Min schnelles Gehen **4 km Laufen** in ca. 32 Min

TRAININGSWOCHE 6

MO	DIENSTAG	MI	DONNERSTAG	FR	SA	SONNTAG
	5 Min schnelles Gehen **4 km Laufen** in ca. 32 Min		5 Min schnelles Gehen **4 km Laufen** in ca. 31 Min			5 Min schnelles Gehen **4,5 km Laufen** in ca. 35 Min

TRAININGSWOCHE 7

MO	DIENSTAG	MI	DONNERSTAG	FR	SA	SONNTAG
	5 Min schnelles Gehen **4 km Laufen** in ca. 31 Min		5 Min schnelles Gehen **4,5 km Laufen** in ca. 34 Min			5 Min schnelles Gehen **5 km Laufen** in ca. 40 Min

TRAININGSWOCHE 8

MO	DIENSTAG	MI	DONNERSTAG	FR	SA	SONNTAG
	5 Min schnelles Gehen **4,5 km Laufen** in ca. 33 Min		5 Min schnelles Gehen **4,5 km Laufen** in ca. 32 Min			5 Min schnelles Gehen **5 km Laufen** in ca. 39 Min

STARTE MIT UNSERER

30-Tage-Laufchallenge DURCH

Jetzt hast du alles, was du für deinen Laufeinstieg brauchst. Du hast unser Buch von vorne bis hinten durchgearbeitet und dich für einen der Trainingspläne entschieden. Doch dir fehlt der allerletzte Anstoß, um loszulegen? Kein Problem, wir haben da noch etwas in petto. Auf dich wartet unsere *Get Ready to Run Challenge*.

LAUFE IN 30 TAGEN 20 MINUTEN AM STÜCK

Mit der *Get Ready to Run Challenge* zeigen wir dir ganz praktisch, wie du in nur 30 Tagen laufend durchstartest. Dafür haben wir einen speziellen Challenge-Trainingsplan, das sogenannten Challenge-Paper, konzipiert, der dich nach und nach an das Laufen heranführt. Neben den Laufeinheiten findest du darin jeden Tag eine Aufgabe rund um gesunde Ernährung, Krafttraining und Achtsamkeit.

Zusätzlich kannst du dir unser großartiges Workbook mit Rezepten, Workouts und Trainingsplanvorlagen für danach holen.

SO FUNKTIONIERT DIE CHALLENGE

1. DOWNLOAD CHALLENGE-PAPER
Lade dir auf → getreadytorun.de/laufchallenge das kostenlose Challenge-Paper herunter, drucke es aus und hänge es gut sichtbar bei dir zu Hause auf. 30 tolle Tagesaufgaben vom Laufen über gesunde Ernährung bis hin zu Selbstliebe warten auf dich!

2. CHALLENGE-GRUPPE AUF FACEBOOK
Tritt der Laufchallenge-Gruppe auf Facebook bei.
In unserer Challenge-Gruppe triffst du andere Laufeinsteiger, kannst dich austauschen und dich dort täglich von uns inspirieren und motivieren lassen.

Natürlich ist der Beitritt zur Facebook-Gruppe kein Muss. Aber in einer Gruppe trainiert es sich gerade zum Einstieg sehr viel leichter und motivierter.

3. LEGE LOS!
Mit diesen zwei einfachen Schritten brauchst du nun auf nichts mehr zu warten und kannst, wann immer du möchtest, loslegen.

Wir wünsche dir viel Spaß bei der *Get Ready to Run Challenge*!

DIE LIVE-CHALLENGE IM APRIL

Übrigens: Jedes Jahr startet am 1. April unsere Live-Challenge im Internet. Das heißt, dass wir in einer großen Gruppe auf Facebook die Challenge gemeinsam durchziehen. Mehr Motivation geht nicht!

Informiere dich auf unserer Website → getreadytorun.de, wann die nächste Challenge startet, und sei dabei!

UNSERE Lieblingslinks

BLOGS, DIE WIR GERNE LESEN

LAUFEN
→ ausdauerblog.de
→ beVegt.de
→ eiswuerfelimschuh.de
→ flitz-piepen.de
→ laufen-total.de
→ laufmamaxxl.blogspot.com
→ laufvernarrt.de
→ laufwelt.wordpress.com
→ runskills.de
→ turnschuhverliebt.de
→ veganmarathon.com
→ vitaminberge.de

FITNESS & LIFESTYLE
→ bealapanthere.de
→ eigenerweg.com
→ fitnessliebe.com
→ marathonfitness.de
→ wildandfit.net

YOGA & GESUNDER LIFESTYLE
→ eattrainlove.de
→ freiseindesign.com
→ fuckluckygohappy.de
→ healthyhabits.de
→ juyogi.com

TRAININGSPLÄNE
→ myasics.de
→ RUNNER'S WORLD Trainingspläne

INFORMATIVE WEBSITES
→ achim-achilles.de
→ active-woman.de
→ asanayoga.de
→ eatsmarter.de
→ jogging-portal.com
→ laufen.de
→ run.de
→ runnersworld.de

LAUFVERANSTALTUNGEN
→ runnersworld.de/laufevents
→ runme.de
→ laufkalender24.de
→ runnersmap.org

DEUTSCHLANDWEITE LAUFEVENTS
Deutsche Post Ladies Run
Women's Run
Color Run
Stadtlaufserie von SportScheck
XLETIX Hindernislauf
Spartan Race
Muddy Angels Run
The Color Run

YOGA-KANÄLE AUF YOUTUBE

Tara Stiles → auf Englisch
Yoga With Adriene → auf Englisch
YogaYak → auf Englisch
HappyAndFitYoga → auf Deutsch
Mady Morrison → auf Deutsch

App-
EMPFEHLUNGEN

Buch-
EMPFEHLUNGEN

LAUFAPPS

Adidas Train & Run
Moving Twice
MY ASICS
Nike+ Run Club
Polar Beats
Runtastic
Strava
Zombies, Run

FITNESS-APPS

7 Minute App
FITNESS-APPS
Freeletics
LOOX Fitness Plane
newMoove
Nike+ Training Club
Runtastic Results

WEITERE APPS

7Minds → Achtsamkeits-App
Audible → Hörbücher für unterwegs
Adidas Go → Laufsoundtracks
Headspace → Meditieren lernen
Spotify → Musik-App zum Laufen

FACHLITERATUR

Das große Laufbuch → Herbert Steffny
Die Laufbibel → Matthias Marquardt
Fit ohne Geräte → Joshua Clark/Mark Lauren
Gesund laufen → Sonja von Opel
Optimales Lauftraining → Herbert Steffny
Mentaltraining für Läufer → Michele Ufer
Time to Run → Anna und Lisa Hahner

UNTERHALTUNG

42,195 → Matthias Politycki
Born to run → Christopher McDougall
Eat & Run → Scott Jurek
Hysterie des Körpers → Joey Kelly
Keine Gnade für die Wade → Achim Achilles
Laufen → Jean Echenoz
Läuferleben → Sandra Mastropietro
Marathon Woman → Kathrine Switzer
Running Like A Girl → Alexandra Heminsley
Wie der Blitz: Die Autobiografie → Usain Bolt
Wovon ich rede, wenn ich vom Laufen rede
→ Haruki Murakami
Wunderläuferland Kenia → Jan Fitschen

UNSERE *Empfehlungen* FINDEST DU AUCH ONLINE

Alle Empfehlungen und noch vieles mehr findest du auch online. Surfe einfach auf
→ getreadytorun.de/empfehlungen vorbei und lass dich inspirieren.

Glossar

– DAMIT DU WEISST, WOVON WIR REDEN

ADRENALIN
Stresshormon, das bei hoher physischer oder psychischer Belastung im Körper gebildet wird, um schneller an Energiereserven zu kommen.

AUSDAUERSPORT
Erhöht die Fähigkeit des Körpers, über einen ausgedehnten Zeitraum Leistung zu erbringen.

AUSGLEICHSSPORT
Sportart, die nicht mit dem Laufen verwandt ist und das Training ergänzt.

CHEAT MEALS / CHEAT DAYS
Mahlzeit oder ganzer Tag, während der/dem du alles essen kannst, worauf du Lust hast.

CITYLAUF
Laufveranstaltung über verschiedene Distanzen innerhalb einer Stadt.

COOPER TEST
12-minütiger Lauf-Test zur Überprüfung der allgemeinen Ausdauer.

CROSSLAUF
Siehe Trail Run.

DÄMPFUNG
Die Dämpfung beim Laufschuh meint die Abschwächung der Kraft, die auf Fuß und Körper beim Auftreten einwirkt.

DAUERLAUF
Ein Lauf bei regelmäßigem, konstantem Tempo im lockeren Intensitätsbereich.

DEHNEN
Muskeln unter Zugspannung setzen, um beweglicher zu werden.

DEHYDRATION
Wassermangel im Körper.

DYSBALANCEN
Verstärkte Muskelverkürzungen und/oder Muskelschwächen.

EIWEISSE
Sind elementare Bausteine des Körpers und Hauptbestandteil der menschlichen Körperzellen, Enzyme und Hormone. Sie spielen eine wichtige Rolle als Energielieferanten.

ELEKTROLYTE
Zum Beispiel Kalzium, Kalium, Magnesium und Natrium, die im Körper für verschiedene Zellfunktionen benötigt werden; das Gleich-

gewicht der Elektrolyte im Körper ist wichtig für die Regulierung des Wasserhaushalts und des Blut-pH-Wertes.

FASZIEN
Faszien sind die Weichteil-Komponenten deines Bindegewebes. Als ein umhüllendes und verbindendes Spannungsnetzwerk durchdringen sie den kompletten Körper. Faszien schützen die Knochen, indem sie wie Stoßdämpfer wirken, und unterstützen sogar das Immunsystem.

FASZIENROLLE
Mithilfe einer Faszienrolle löst du Verspannungen und lockerst deine Muskulatur. Faszientraining kann Beschwerden und Schmerzen lindern, die Durchblutung anregen und dient der Entspannung.

FLASHJACKE
Laufjacke mit großflächigen Reflektoren, um nachts gut sichtbar zu sein.

FRAUENLAUF
Laufveranstaltung, an der ausschließlich Frauen teilnehmen.

FUNKTIONSKLEIDUNG
Bezeichnet Kleidung aus Fasern, Garnen, Geweben und Gewirken bzw. Stoffen mit funktionellem Mehrwert. Meist sind sie winddicht, wasserdicht und atmungsaktiv, regulieren die Temperatur und sind vor allem strapazierfähig.

FUSSFEHLSTELLUNG
Leichte bis schwere Verformung des Fußgelenks, siehe auch Supination, Pronation, Überkompensation.

GEHPAUSEN
Einheiten während des Laufs, in denen du mit Schrittgeschwindigkeit gehst.

GESUNDHEITS-CHECK
Vollständige körperliche Gesundheitsuntersuchung inklusive Blutdruckmessung und Blutabnahme.

GORETEX
Funktionstextil, das wind- und wasserdicht und zugleich wasserdampfdurchlässig und damit atmungsaktiv ist.

HALBMARATHON
Langstreckenlauf über 21,0975 Kilometer.

HERZFREQUENZ UND -MESSUNG
(Messung der) Herzschläge pro Minute, unter anderem zur Bestimmung der Trainingsintensität.

INTENSITÄTSBEREICH
Bereich, in dem die Trainingsbelastung liegen sollte, kann durch Pulsmessung ermittelt werden.

INTERVALL-TRAINING
Lauftraining mit Tempowechsel, bei dem Einheiten aus Belastung und Erholung im Wechsel stehen.

KOHLENHYDRATE
Makronährstoff und wichtiger Energielieferant für den Körper (z. B. Bestandteil von Brot, Nudeln, Reis).

KOORDINATION
Das harmonische Zusammenwirken während eines Bewegungsablaufs.

KOORDINATIONSLÄUFE
Helfen, die Lauftechnik zu verbessern, indem sie das Zusammenspiel der an der Bewegung beteiligten Muskeln trainieren.

KRAFTTRAINING
Training zur Steigerung der Kraft und Erhöhung der Muskelmasse.

LAUF-ABC
Laufübungen zur Verbesserung des Laufstils und der Koordination.

LÄUFER-DREIECK
Beschreibt die freie Fläche, die zwischen dem Rücken, Ober- und Unterarm bei korrekter Armtechnik beim Laufen entsteht. Die Unterarme sind dabei jeweils fast parallel zum jeweiligen Oberschenkel des Beines auf der gleichen Seite.

LAUFSTIL /-TECHNIK
Beschreibt die effizienteste Ausführung zu laufen.

LAUFTAGEBUCH
Individuelles Trainingstagebuch, das dem Festhalten von Zielen und Ergebnissen dient.

LEISTUNGSDIAGNOSTIK
Untersuchungen, die Auskunft über den aktuellen Leistungsstand und die Belastbarkeit eines Sportlers geben.

MARATHON
Langstreckenlauf über 42,195 Kilometer. Ist die längste olympische Laufdisziplin.

PROTEINE
Siehe Eiweiße

PULSUHR
Herzfrequenzmessgerät, das die Anzahl der Herzschläge pro Zeitintervall misst, beispielsweise Herzschläge pro Minute. Misst Frequenz entweder nur am Handgelenk oder über einen zusätzlichen Brustgurt.

SPRINT
Bezeichnet das Zurücklegen einer vorgegebenen Strecke in einer möglichst kurzen Zeit und somit in der größtmöglichen Geschwindigkeit.

STABILISATIONSTRAINING
Training zur Steigerung der Kraft, insbesondere von Muskelgruppen, die beim Lauftraining weniger beansprucht werden.

STEIGERUNGSLAUF
Kurze Sprints, die dabei helfen, die Laufgeschwindigkeit zu verbessern.

STRETCHING
Siehe Dehnen

REGENERATION
meint den Prozess nach dem Sport, der zur Wiederherstellung eines physiologischen Gleichgewichtszustands führt.

TEMPO
Zeit, in der eine bestimmte Distanz zurückgelegt wird; meist wird sie in Minuten pro Kilometer gemessen und zum Beispiel so 6'20" angegeben.

TEMPOLAUF
Längere Laufeinheit, in der ein bestimmtes, hohes Tempo beibehalten wird.

TIGHTS
Eng anliegende Laufleggings.

TRACKING
Aufzeichnen von Strecke, Länge, Zeit und weiteren Faktoren bei Trainingseinheiten, entweder durch eine App mit GPS-Funktion oder eine GPS-Laufuhr.

TRAIL RUN
Lauf im Gelände meist abseits befestigter Wege.

TRAININGSPLAN
Fasst alle geplanten Handlungen und systematischen Maßnahmen zum Aufbau eines Trainings im Sport bis zum Erreichen eines bestimmten Trainingszieles innerhalb eines definierten Zeitraums effizient zusammen.

ÜBERPRONATION
Fußgelenk knickt bei der Abrollbewegung übermäßig nach innen.

ÜBERTRAINING
Überlastungserscheinungen, die nach zu intensivem Training oder zu wenig Regeneration auftreten.

VITAMINE
Lebensnotwendige Nahrungsbestandteile, die keine Energie liefern, aber für viele Stoffwechselprozesse verantwortlich sind.

WARMLAUFEN/WARM-UP
Aufwärmphase vor dem Training, die den Körper schonend auf die bevorstehende Belastung vorbereitet.

WORKOUT
Trainingseinheit

ULTRAMARATHON
Umfasst alle Läufe über Marathondistanz. Der längste ist das 5000 km lange Self-Transcendence 3100 Mile Race in New York.

YOGA
Philosophische Lehre aus Indien, die geistige und körperliche Übungen umfasst.

ÜBER UNS UND *unser Buch*

Es war einmal ... So beginnen die schönsten Erzählungen und so begann auch unsere Geschichte. Unser Buch hat bereits eine lange Reise hinter sich, bevor es in deine Hände gelangte. Diese Geschichte möchten wir dir kurz erzählen.

Es waren einmal zwei junge Frauen, die über Umwege ihr Herz fürs Bloggen und YouTuben fanden. 2014 waren wir zwei der wenigen deutschen Bloggerinnen, die über ihre Leidenschaften Laufen und Reisen schrieben. Somit lag es nahe, dass wir uns in den Weiten des Internets irgendwann online über den Weg liefen. Das Schöne an der Sache war, dass wir einander nie als Konkurrentinnen empfanden, sondern von der Arbeit der anderen begeistert waren.

LAUFEN VERBINDET: ONLINE UND OFFLINE

Bald schon wanderten die ersten E-Mails zwischen Nord- und Süddeutschland hin und her und ein paar Monate später trafen wir uns live auf einer Konferenz in Berlin. Wir verstanden uns auf Anhieb sehr, sehr gut, und aus dem gegenseitigen Respekt wurde Freundschaft. Als Mandy im Januar 2015 in ihrem Newsletter ihre Jahresziele verfasste, fand sich darunter der Punkt *E-Book für Laufanfänger schreiben*. Carina hatte die gleiche Idee und mailte Mandy kurz darauf: *Hey, wollen wir uns nicht einfach zusammentun?!* Gesagt, getan? So einfach war es dann doch nicht. Carina reiste zu diesem Zeitpunkt auf unbestimmte Zeit mit einem Van auf der Panamerica von Süd- nach Nordamerika.

WIR SCHREIBEN EINFACH UNSER EIGENES LAUFBUCH

Ein paar Monate später loderte die Idee eines gemeinsamen Buchs noch immer zwischen uns und wir beschlossen: *Gehen wir es an!* Heutzutage sind Zeitzonen und Entfernungen zwischen den Kontinenten doch unerheblich. *Wir packen das!* war unsere Devise. *Aber warum ein weiteres Laufbuch schreiben?*, wurden wir immer wieder gefragt. *Ja, wieso?* Weil wir das erste Buch für Laufanfänger schreiben wollten, das wirklich motiviert, das verständlich ist und direkt Lust auf den Sport macht! Wir wollten zeigen, dass jeder laufen kann. Frei von Leistungsdruck und Geschwindigkeitsvorstellungen.

Einen ganzen Sommer schrieben wir an unseren Ideen und ließen die Internetleitungen zwischen Südamerika und Deutschland heiß laufen. Im August machte sich Mandy daran, die ersten Seiten für das E-Book im Layout zu setzen.

SEPTEMBER 2015: GET READY TO RUN GEHT ONLINE

Am 1. September 2015 war es so weit. Es war acht Uhr morgens in Deutschland, mitten in der Nacht bei Carina in Südamerika. Mandy klickte den Veröffentlichen-Button und unser E-Book GET READY TO RUN ging online.

Im April 2016 kreierten wir auf Basis des Buchs die passende Challenge dazu: *Werde in 30 Tagen zum Läufer – mit der GET READY TO RUN Challenge*. Mit einem Trainingsplan der besonderen Art brachten wir im ersten Jahr über 600 Teilnehmende in Bewegung. Neben den Laufeinheiten umfassten die täglichen Aufgaben auch die Bereiche, die uns für einen gesunden Lifestyle wichtig sind: Ernährung, Ausgleichs- und Kraftsport, Achtsamkeit und Selbstliebe.

Doch so ganz zufrieden waren wir nicht mit unserem E-Book. Denn gerade ein motivierender Laufratgeber wie unseren möchten die Leserinnen und Leser lieber in der Hand halten. Sie möchten damit arbeiten, immer wieder nachschlagen oder ihn einfach auf den Couchtisch legen, um zu zeigen *Hey, ich tu was für mich!* Laufbücher wollen schließlich auch gesehen werden.

DANK CROWDFUNDING ZUM GEDRUCKTEN BUCH IM SELBSTVERLAG

Die Idee ließ uns nicht los und so entschieden wir uns ein Jahr nach der Erstveröffentlichung des E-Books für Selbstpublishing und eine Crowdfunding-Kampagne, um Geld für Druck, Marketing, Vertrieb und Layout des Buchs zu sammeln. Nach 30 Tagen stand fest: *Wir werden ein Buch drucken!*

Keine zwei Monate später hielten wir GET READY TO RUN in unseren Händen und wir haben bis heute alle Bücher der Erstauflage in Eigenregie verkaufen können.

DER FINALE SCHRITT: VERÖFFENTLICHUNG IM VERLAG

Doch wir waren noch immer nicht am Ziel. Uns fehlte ein letzter entscheidender Schritt zu unserem Traum. Ein Verlag! Im Sommer 2017 fanden wir einen Partner im Scorpio Verlag, der die Neuauflage des Buchs veröffentlichen wollte. Genau dieses Buch hältst du nun in deinen Händen. Ein drittes Mal haben wir es für dich überarbeitet, den Titel in *Get Ready to Run* geändert und das Design nochmals verfeinert. Wir sind stolz und von Herzen dankbar, dass unsere Reise, die mit einem Neujahrs-Newsletter begann, nun ihr vorläufiges Happy End gefunden hat.

Warum wir dir das alles erzählen? Weil wir nicht nur fest davon überzeugt sind, sondern mit dieser Geschichte auch beweisen können, dass es sich lohnt, an die eigenen Träume und Ziele zu glauben. Natürlich musst du dafür etwas tun. Aber all die Arbeit zahlt sich aus, ganz egal, um welche Träume und Ziele es sich bei dir handelt. Das gilt auch für das Laufen.

Get Ready to Run hat nun jedenfalls ein Zuhause gefunden und wir hoffen, dass wir dich damit gleichermaßen motivieren wie begeistern können!

Danke! Danke! Danke!

Kristin Woltmann-Pahl / Nadin Eule-Mau / Dr. Elias Berning / Nadine Heinz /
Tina Leskien / Jenny Mitscher / Nathalia Traxel / Antonia May /
Lina-Maria Schön / Nadine Kunath / Katharina Bluhm / Sabine Spallek /
Daniel Roth / Katrin Schäfer / Daniel Rath / Sebastian Ritter / Anna Tillmann /
Martin Merten / Carolin Steig / Katrin Lehr / Susann Lehmann /
Manuela Richter / Anna und Lisa Hahner / Judith Riemer / Anne Jüngling /
Manuela Richter / Daniela Rieger / Oliver Peter / Anne Stelgens /
Hendrik Auf'mkolk / Kate Königsberger / Marcel Kretzschmar / Dennis Soisch /
Sarina Berchtold / Anja Hornig / Julia Hübner / Christine Müller /
Cindy Haase / Lars Dörfel / Maria Alejandra Munoz Ricaurte / Johanna Eppler /
Stephanie Trein / Thomas Unterseher / Marion Fröhlich / Patricia Werner /
Jala Gangnus / Maren Schink / Marc Höttemann / Finn Filip Spiekers /
Angelika Altmann / Lisa Brinkmann / Stefanie Traurig / Claudia Weber /
Lukas Grüttner / Karina Buhl / Kajetan Berning / Thomas Jacubasch /
Chris Zielecki / Andrea Dittmer

Wir danken allen, die unser Projekt und uns seit der ersten Idee begleitet
haben und die wir vielleicht vergessen haben
hier namentlich zu nennen.

Wir bedanken uns von Herzen bei unseren lieben Bloglesern, die regelmäßig
auf TRAVEL RUN PLAY und Go Girl! Run! vorbeischauen. Dieses Buch ist
dank eurer Motivation, euren tollen Kommentaren und konstruktiver Kritik
entstanden. Wir sind wahnsinnig stolz, dass ihr unterstützt, was wir machen,
und uns seit Jahren treu bleibt.

Tausend Dank an unsere Familien und Freunde für eure Liebe, euren Support
und den Glauben an uns zwei Verrückte!

Last but not least geht ein großes Dankeschön an den LEO Verlag und
unsere liebe Lektorin Angela. Allerliebsten Dank, dass unser Buch
bei euch eine neue Heimat gefunden hat.

NICHT ZULETZT
danken WIR *dir!*

MEIN LEBEN IN BALANCE

DIE JUNGE REIHE FÜR BODY, MIND & SOUL:
Starke Themen liebevoll illustriert – mit vielen Seiten zum Selberausfüllen

Meditieren für Einsteiger

Gestresst, überlastet, ängstlich? Meditations-und Achtsamkeitslehrerin Christiane Beaugé begleitet dich Schritt für Schritt durch Übungen und Meditationen, die dir helfen, wieder mehr Ruhe und Balance in deinen Alltag zu bringen.

978-3-95736-093-9 · 96 Seiten

Köper, Geist und Seele verbinden

Du willst gelassen bleiben im Alltagstrubel und dich außerdem endlich wieder geschmeidiger fühlen? Mit den Yogaübungen von Geraldine Lethenet bringst du spielerisch neuen Schwung in dein Leben. Außerdem mit dabei: Ernährungsratschläge und feine Rezepte aus der Ayurveda-Küche.

978-3-95736-092-2 · 80 Seiten

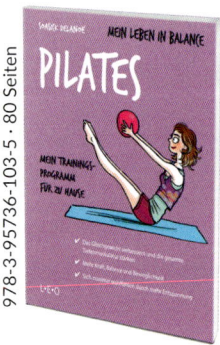

Schön, schlank und kraftvoll

Sportjournalistin und Pilates-Expertin Soasick Delanoë motiviert dich zu tollen, abwechslungsreichen Workouts, mit denen du nicht nur deine Gelenkstabilität verbessern und deine Körpermitte stärken kannst, sondern vor allem knackige Kurven bekommst.

978-3-95736-103-5 · 80 Seiten

SCHRITT FÜR SCHRITT ZUM BESSEREN LEBENSGEFÜHL

leoverlag.de

 facebook.com/leoverlag

 @leoverlag

HEALTHY IS THE NEW SEXY

Iss dich fit mit
Yoga-Lehrerin
Nigora Normatova

Mit Online-Bonus-material

208 Seiten
Klappenbroschur, vierfarbig
ISBN 978-3-95736-104-2

Endlich ungesunde Essgewohnheiten abschütteln und neue Energie gewinnen: Mit einem leicht umsetzbaren, alltagstauglichen 5-Wochen-Programm begleitet dich Gesundheitscoach und Yoga-Lehrerin Nigora Normatova Schritt für Schritt in dein neues Leben. Vergiss die kraftraubenden Diäten, die langfristig nur krank machen: gesunde Ernährung ist ein Lebensstil. Mit zahlreichen Fragebögen, Checklisten, Mitmach-Seiten zum Ausfüllen, Tipps und Rezepten.

www.leoverlag.de

L•E•O